Johann Joachim Becher

Gründlicher Bericht des Amerika zwischen dem Rio Orinoque und Rio de las Amazones

Johann Joachim Becher

Gründlicher Bericht des Amerika zwischen dem Rio Orinoque und Rio de las Amazones

ISBN/EAN: 9783743666627

Hergestellt in Europa, USA, Kanada, Australien, Japan

Cover: Foto ©Andreas Hilbeck / pixelio.de

Weitere Bücher finden Sie auf **www.hansebooks.com**

Gründlicher Bericht
Von
Beschaffenheit und Eigenschafft/ Cultivirung und Bewohnung/
Privilegien und Beneficien

Deß in America zwischen

dem Rio Orinoque und Rio de las Amazones an der vesten
Küst in der Landschafft Guiana gelegenen/sich dreißig Meil wegs
breit an der See und hundert Meil wegs an die Tieffe
erstreckenden strich Landes/
Welchen

Die Edle privilegirte West-Jndische Compagnie der

vereinigten Niederlanden/ mit Authentischer Schrifftlicher
ratification und permission
Der Hochmögenden Herren Staten General
An den
Hochgebohrnen/ gegenwertig regirenden Herrn/

Herrn Friederich Casimir/

Grafen zu Hanaw/ Rieneck/ Zweybrücken/ Herrn zu Müntzen-
berg/Liechtenberg und Ochsenstein/Erbmarschalln
und Obervogt zu Straßburg.

Wie auch an das gesämptliche Hochgräfliche Hauß von Hanaw mit
allen regalien und jurisdictionen , ewig und erblich/ unter gewissen in
dieser Deduction publicirten Articuln den 18. Julii 1669.
cedirt und überlassen hat.
Jedermänniglichen/ absonderlich aber denen welchen daran gelegen/ zum
Nachriche und gefallen in Truck gegeben
Sampt einer außführlichen Landkarten darinnen man die Gelegen-
und Beschaffenheit deß herrlichen Landes
klärlich sehen kan.
Gedruckt zu Franckfurt/In Verlegung Wilhelm Serlins.
Anno 1607.

Eingang.

Amit dieser an sich selbst klar und warhaffter Beri[cht]
unverständlich falle/ wann er ohne Ordnung dem Lese[r]
stellt würde/ so hat der Schrifftsteller dieser Deduction [nö]-
thig erachtet / selbige in acht Capitel abzutheilen/ derer [Innhalt]
ist / wie folget.

Das erste Capitel gibt Ursachen / warumb man d[iese De]-
duction durch den Druck publiciren lassen.

Das zweite Capitel erzehlet die motiven welche Jhro H. Gr. [F. zu]
Hanau bewogen haben das Jndische Werck anzufangen.

Das dritte Capitel erzehlet das fundament der Jndischen Sachen [nem]-
lich die Gelegenheit deß Landes/ der Jndischen Colonien und negotien [und]
dem Nutzen und Vortheil so die Interessirte davon haben können.

Das vierdte Capitel stellet vor augen die Manier und Weg / wie [mit]
die Jndische Sachen mit Nutzen mögen gethan werden.

Das fünffte Capitel handelt von Erlangung und administra[tion der]
Mitteln so darzu von nöhten.

Das sechste Capitel erzehlet was bey solicitirung/erhaltung und [ratifica]-
tion der privilegien passirt.

Das siebende Capitel begreifft in sich die Privilegien selbsten sa[mt der]
ratification.

Das achte Capitel ladet zu vorhergehendem die Hochteutsche [Nation]
ein.

Alle diese Capitel sollen nun der Ordnung nach und zur gnüge aus[geführt]
werden.

Das erste Capitel.

Gibt Ursachen / warumb man diese Deduction durch den Druck publiciren lassen.

PLautus sagt an einem Ort nicht uneben : Miserorum est, malevolentes ut si[nt]
invideant bonis. Er wil sagen/es ist eine eigene Natur der Menschen / daß [die]
arm seynd/sie den reichen neidig und übel wollend werden/diese böse Eigenschafft d[er]

ist nicht allein zu Plauti, sondern leyder jederzeit / in specie bey uns Teutschen gewesen/und floriret noch in höchstem Grad/zumahlen in armen kleinen Städtlein/ alwo die Einwohner nichts zu thun haben/als verlogene Zeitungen einander zu erzehlen / alda dann/so bald sich jemand/er sey hohes oder niedriges Stands/über den gemeinen Weg erhebet und sich sambt dem gemeinen besten zu rahten suchet/mehr Verstand / Gaben oder Mittel als andere hat/ und vor die Hand nimbt/alsobald Neid Mißgunst und böß nachreden sich regen/von solchen welche gern wolten/daß alle/wie sie/wären und blieben/kompts dann darzu / daß die Sach/ welche sie beneyden/über ihren captum , und ihnen unbegreifflich ist / so wissen sie solch Gespött/Lügen und Gedicht derselben anzufügen /und sich damit zu kützeln/ daß sie auß einer Mücken einen Elephanten /. und von einem Wort ein gantz Stat.und Landgeschrey machen können.

Dieses nun hat sich auch begeben/mit dem großmühtigen/hochnohtwendigen/ Teutsch-land hochnützlichen Vornehmen / in Indien einige Colonien zu fundiren und die Indi-sche negotien, Teutschland zum besten zu promoviren , welches sich der Hochgebohrne Graf und H. Herr Friederich Casimir/Regierender Graf und H. zu Hanau rc. Zu exequiren proponirt, dann kaum wurde daran der Anfang gemacht/so giengen davon hier zu Lande wunderliche Zeitungen und Meinungen/doch ohne allen Grund / sondern nach dem es einem jeden davon beliebet zureden / und dieses umb so viel freyer/weil sie ver-meint/es seye nichts an der gantzen Sach/das sie nicht mit fug tadeln könten und möchten.

Indien ist den Hochteutschen Stubenbrüdern ein schlimm Land und ein Böhmisches Dorff/ wie man im sprichwort saget / vor dem Meer erschrecken sie / die West-Indische Compagnie ist ihrer Feinde Meinung/(vielleicht auch) willen/nach gantz verdorbe/der Herr Graf von Hanau ist ihnen darzu nicht bequem/es hettens König/Republicken /ja die Hol-länder selbst mit Colonien probirt, und übel dabey gefahren / und was dergleichen ob-jectiones mehr seynd/aber wann sie nur dieses lesen wollen / was in den andern Capiteln folget/so werden sie befinde/daß alles gut ist/als nur ihre böse Meinung/die solche calumni-anten davon haben / die relationen derer so in diesen Indischen Landen gewesen / haben bey verständigen mehr glauben / als solche die nie weiter kommen als zwo ihres Vatters Tisch stehet/die letzte getruckte Holländische remonstration an den Staat/ der West-Indi-schen Compagnie der vereinigten Niederlanden/liquidirt klar / daß sie allein an baarem Geld dem Staat geliehen habe sechsmahl hundert tausend Gülden / ohne daß sie sonsten allein in den ersten zwölff Jahren/zeit ihrer negotiation, mehr als hundert und achtzehen millionen vor den Staat auffgesetzt hab/ wann sie hiervon wiederumb etwas bekompt/ist sie fürwahr so arm nicht/als man vermeinet/ und ohne dieses hat sie ungefehr noch dreissig Schiff/mit welchen sie nach Capo verde, auff der Küst von Guinea, dann nach Coracao (welches ihr zugehört) und andern Orten ziemlichen Handel thut / und wird niemand läugnen/daß de facto die Compagnie mehr zu.als abnehme/mit ihrem Stat und inraden, den sie noch gegenwertig hat / möchte gar wohl bey uns ein Fürst dörffen vorlieb nehmen/ also sich die Feinde der Compagnie mehr umb ihren eigenen Übelstand / als der Compa-gnie Abnehmen/zu bekümmern hätten.

A ij   Was

Was Jhro Hochgräfliche Excellentz von Hanau anbelangt / davon
die Canalien zu reden viel zu gering/der effect weiset / daß Seine Excellentz gute
Consilia, wann sie wollen/ unterscheiden können/ zu den guten von sich selbst inch
ihnen hergegen die böse durch grosse Mühe und Practicken müssen heimlich sugg
obtrudirt werden. Daß es vielen mit Auffrichtung einiger Colonien übel gange
ne Ursachen/die in den folgenden Articuln entdecket und Raht darfür geschafft w
wohl nun diese / und noch viele andere objectionen, bey verständigen / und der S
fahrnen leicht resolviert werden/und wenig daran ligt/ was von unverständigen x
Indischen Sache gespottet und geredet wird / derentwegen man auch nicht wille
sen/etwas davon zu publiciren, so haben doch endlich etliche motiven überwogen
Druck persuadirt.

Die erste motive ist / daß alle die jenige so von diesem Indischen Werck bös
keinen Lust darzu haben / und dem Werck nicht affectionirt seyn / die hingegen zu
Indischen Sachen haben/wolten gern den rechten Grund davon wissen / die erste
Lügen an Tag / die andre verlangen Warheit / soll nun umb der Lügen willen die
verdunckelt bleiben? Das sey ferne / derentwegen umb der Warheit und derer will
darzu tragen / diese publication absonderlich geschehen / dann die übel affectionir
nicht nötig solche zu lesen / als die solche doch nicht glauben werden / wann gleich 10
gen da wären.

Zweitens so wird auch diese publication, durch ihre gründliche Informa
Mäuler stopffen/als die mit authentischen Instrumentis beweisen wird/was sie vor

Drittens kan die gantze Teutsche ehrbare Welt sehen/ daß man nicht ohne rai
in geheim etwas vorgenommen / welches man nicht der gantzen Welt vorzustellen
offenbahren getraue.

Zweites Capitel.

Erzehlet die motiven, welche Jhro Hochgräfl. Excell. H. Grafens von bewogen haben das Indische Werck anzufangen.

ZU Anfang dieses Capitels ereignet sich alsobald eine grosse oppositio
da sagen einige : Was beweget den H. Grafen von Hanau Colonien in
zu suchen/ er hat Land und Leute gnug hieraussen/ stehe er denselben wohl für
reich gnug/ eben dieses hat man vor diesem auch von dem König in Hispanien gesa
cher in Hispanien noch viel mehr Land und Leute hatte/ als der Herr Graf von L
und dennoch hatte er Indien ergriffen/ aber auff die Antwort dieser opposition
men/so lässet man dahin gestellet seyn/ ob deß H. Grafen œconomia schlecht oder
wer daran Ursach ist/ item ob sie so beschaffen seye/ daß sie einst noch böser oder besser
könne/dieses allein stehet zu betrachten/ ob/ wann sie zum allerbesten wäre/ sie also be
seyn würde/daß sie keiner äussern Hülff von nöthen hätte / die Cassa mit einer ansel
Waarschafft erfüllt/die Schulden bezahlt/und die Unterthanen in guten Flor und N

geseçt würden/zu verstehen / daß dieses alles geschehe ohne zuthun einiger Contribution der Unterthanen / Auffnehmung frembdes Geldes / Versezung Land und Leuten oder dergleichen/da nun die Opponenten ein ehrliches Mittel wüsten / wordurch solches præstirt könte werden/ und solches mit fundamen t entdeckten/ anders als durch Indien / so solte ihrem Raht/so nasewiß er auch seyn möcht/ gefolget werden/ da sie aber schwerlich ein bessers finden werden / sondern nur auß den Unterthanen/ gleich die Bären auß den Pfoten saugen wollen/soll man das vorige nicht / zumahlen da man demonstriren wird/ daß es dieses alles præstiren werde/ergreiffen? Es ist gewiß / wann der H. Graf. seinen ganzen Hofstat abschaffen/ja ganz privat leben thäte/und auffs äusserste menagiren würde/ dennoch in vielen langen Jahren / die auff der Graffschafft Hanau stehende Schulden bezahlt / wil geschweigen eine ansehnliche Baarschafft zurück gelegt / und dieses ohne grosse Contribution der Vnterthanen præstirt würde. Die Exempel beweisens bey den Benachbahrten/durch ganz Teutschland/von welcher etlichen / keiner mit Warheit wird sagen können / daß sie anders nicht als wol menagiren, und dannoch / wie schwer und mühsam es ihnen falle / ihre Schulden zubezahlen/werden sie zum besten befinden. Es ist weltkündig der Teutsche lange Krieg/und wie die Graffschafft Hanau darinnen ist mit hergenommen worden/ ja daß aller dieser Graffschafft Schulden meist davon herrühren. Es ist auch weiter bekant/ daß: alle Cameralisten kein ander Mittel wissen/ ihrer Herren Schulden zubezahlen und ihre intraden zu vermehren/als durch ordinari Mittel/ nemlich durch Contribution und Aufflag der Vnterthanen/wesentwegen andere als extraordinari Mittel suchende/ sich auff gefährliche und disreputirliche Außflucht begeben/endlich da diese nicht helffen wollen/unterschiedliche andere Mittel vorgenommen / gleich es kündig / in allen diesen Dingen hat niemands als die Creditoren oder die Vnterthanen leiden müssen / welcher lezten condition also ist/ daß sie sich selbsten nicht helffen können/sondern im Frieden schier mehr als im Krieg verderben / ich will allhier nicht sagen/daß kein Herr seine particular intraden à part ohne der Vnterthanen Beschwerung vermehren köne. Wer wil dañ verdencken/daß Jhr Hochgräfl. Excellentz ein Mittel suchen/sich ausser aller diesen suspecten Beschwerlichkeiten/durch ein offenes weltkündiges ehrliches Mittel / ohne der Vnterthanen geringster Vngelegenheit/ sondern mit derer höchsten Auffnehmen und Vermehrung Lands und Leuten zu suchen/wodurch sie ihr Land und Leut erstlich in particulari,in der Graffschafft Hanau/ in glückseligen Stand sezen/bereichern / hernach ihres Hauses Schulden bezahlen / ihr ærarium vermehren / und dannoch vielen tausend armen bedrangten Menschen / ja der ganzen Teutschen Nation ein asylum verschaffen können / ist das närrisch von einem Herrn gethan/ oder dieses zu thun sucht? ist es unmüglich? ist es unehrlich? Das erste wollen einige unwissende Cameralisten defendiren, die nicht bessers wissen/ daß andere Beneider/die andern mißgönnen/ was sie nicht selber das Herz zu thun haben / das dritte diejenige die keine Schand sich machen/wann sie die gemeinste Handwerck treiben/aber andern negotia verbieten wollen/welche wol König practiciren,man glaubet,auß allen diesen Vrsachen/ daß wohl dieses die närrischte/verzagteste/ ja schlimmste Menschen seyn/ die Jhro Hochgräfl.Excellentz verdencken wollen / auß vorgemelten.Vrsachen ein solches zu thun / und Holland / ja ganz

Europa selbsten wird gestehen/ daß der **Herr Graf von Hanau** eine verständige nünfftige resolution gethan habe/dieses Mittel und Werck vorzunehmen/dieses al der Rede / ob das Indische Werck solches præstiren könne? nicht dieses / wann (præstire, ob es zu apprehendiren seye? das erste wird das folgende dritte und vier tel erweisen/das letztere aber hat dieses Capitel demonstrirt, dann es wird niemand extraordinariis morbis extraordinaria esse quærenda remedia,præsertim honest

Drittes Capitel.

Von dem Fundament der Indischen Sachen/nemlich der Gelegen̄ deß Lands/der Indischen Colonien und negotien.

IN dem ersten Capitel seynd die Ursachen und grosse Nothwend bewiesen worden / warumb man diesen Bericht hat müssen drucken lassen andern Capitel / warumb es nothwendig war dieses Indische Mittel zu er nun folget/ob selches Mittel gut/und practicirlich seye? Dieses letztere wird das vie pitel geben/das erste dieses. Es wird niemand der ein wenig den Stat versteh t / l daß nicht ein fruchtbares Land sambt guten arbeitsamen Unterthanen das Fun aller intraden eines Landsfürsten seyen / je grösser und fruchtbarer nun das Land/ leibeigner die Unterthanen seyn/je grösser ist das interesse des Landsherrn/ dieses ein Fundament gestellet/muß man gegen einander halten unser Teutsches Land / Indische/welches nunmehr Hanauisch ist. Erstlich muß man ein gutes Land in Teu theuer kauffen/ja wird offt Krieg umb ein kleines Dorff geführt. Hier haben **Ihre** gräfl. Excellentz 30. Meilen wegs breit und hundert tieff / also in der gesämptlic 3000. Meill wegs des edelsten Lands/umb sonst bekommen.

Zweitens seynd die Güter in Teutschland mit vielen oneribus beschweret / in wenig oder nichts

Drittens müssen / die Güter in Teutschland zu bauen / theuer Gesind unter J Lohn erhalten werden / in Indien/ wer nicht selber arbeiten wil/ mag Sclaven kauff chen er weiters weder Kost noch Lohn gibt/ und kan dennoch / so die Sach in gute L stellt ist/ein solcher Sclav täglich eines halben Thalers werth nutzen/und thut in sein verey wentger Arbeit / ja ist glückseliger als unser Hochteutsches Gesind in ihrer S wie hernach folgen wird / dann ihr Land weder geackert noch gepflüget noch gedung

Vierdtens wann in Teutschland die Früchte mit grosser Müh das gantze J gebauet/kommt es offt daß durch grossen Regen oder Dürre / Hagel / Wind und R Früchten in einer Nacht zu grund gehen. In diesem Theil von Indien darvon n meldet / ist stetigs neun Monat bequem Wetter zum bauen / in dem es nicht zu viel wenig regnet/die übrige drey Monat/In der truckne/ ist das Clima doch so temperir bißweilen regnet/da hingegen in Brasilien es offters solche Truckne giebet/ daß alles und auffdörret/ so seynd auch keine Sturmwind oder Orcanen , gleich in den Eylanden welche alda gantze Stätt über einen hauffen werffen/ zugewarten / auch weiß man nicht/ daß der Donner jemalen schaden gethan.

Fünfftens wann gleich die Früchte bey uns gerahten/so sind sie meistens theils Wein und Korn/welche nicht viel gelten / hingegen wachsen in unserm Jndien gangbare Früchten/als Zucker/Jngwer/ Taback/Jndigo/ Orleana und andere Dinge / welche vielmehr Geldswerth seynd.

Sechstens unsere Teutsche Früchten/als Obst/Brod/Wein und dergleichen hat man nur einmal im Jahr/in unserm strich von Jndien / ist kein Winter / sondern ein ewiger feuchtwarmer Sommer/welcher mit stetigen anmühtigen Winden temperirt ist/also daß es nicht so warm ist/als es bey uns nun eine zeithero gewesen/die Tag und Nacht seynd das gantze Jahr durch beynahe gleich/und weil die Wärmbde und Feuchte die fürnembste Mittel zur generation seyn/ dieses Land aber vor allen andern der gantzen Welt damit begabet/ so ist kein wunder daß Menschen und Vieh / ja alle Erdfrüchten in dem höchsten Grad ihrer fruchtbarkeit florirten , dann die anmühtige feuchtwarme Lufft sampt den köstlichen substantiosen Früchten/herrlichen Bergen/Thal und ansehnlichen Flüssen/ reitzen sonderbar zur Lust/das Federwild ist in einer steten brüt/das ander Vieh so wohl zahm/ als Wild/ gehet in seinem zunehmen admirabel fort / dahingegen unser teutsches Vieh den gantzen Winter über abzehrt/was es im Sommer zugenommen ; das gantze Jahr durch hat man an den Bäumen frisch Obst / nicht ein fußbreit Land ist / der entweder nicht Bäum oder Graß das gantze Jahr durch träget/ die Limonen, Citronen Pomerantzen Granatenbäum geben das gantze Jahr durch ihre Früchte / also wächst auch der Zucker das gantze Jahr durch über/und weil der öfftere Regen die Erd stets befeuchtet/ und von der Sonnen allzeit wieder das Erdreich getruckner wird / so kan nicht fehlen die Erde wird gewaltsam fett und fruchtbar/welches auch die Ursach ist/das der Zucker allhier besser/ als an einem Ort wächset/und das Erdreich capabel ist noch viel hundert andere Früchten zu tragen / welche zu pflantzen die industri der Menschen bißhero unterlassen hat/als Reiß / Oliven/ Orleana, Wein/Saffran/Seyden/Baumwoll. etc. Auß welchem folget/das nicht allein die Erd/sondern auch die Lufft besser als bey uns temperirt und derentwegen gesündere Menschen darinnen als hierauffen seyn/angesehen / die Jndianer darinnen so alt werden/ daß sie vor alter endlich umbfallen/wie dann alle/so ein wenig die Weltkugel verstehen / diesem Climat den Preiß geben müssen/trägt also Jndien nicht allein bessere Früchte als Teutschland/sondern gibt auch solche mehr als einmahl im Jahr / und häuffiger / angesehen ein Morgen lands darinnen mehr träget/als hier drey.

Siebendes und letztens/ wann in Teutschland die Früchte kostbar gebauet / müssen sie erst mühsam verkaufft und versilbert werden / und so sie versilbert seyn / muß das Geld wieder außgegeben werden vor hunderterley unnötige Sachen/welche die luxuri eingeführt/ und man die mode heisset/und so gleich solches nicht wäre/ ist es dennoch sehr theuer zu leben in Teutschland/in Jndien ist d'gleichen keines/die Früchte werden mit geringer Müh erbauet/ und

cet/und seynd in Holland baar Geld / hingegen ist in Indien gar kein Geld gan
von nöthen/sondern kan ein Mensch umb drey Thalers wehrt Glaß-corallen, ur
handel/wohl ein gantzes Jahr reichlich zu essen haben/ ist also alles Geld/so man t
oder anderswo/vor die Waaren bekommt/ gewin/ dann weder Kost noch Kleide
en viel kostet / und den tausensten theil Sachen weniger als in Teutschland r
haben.

Ist also in gegeneinanderhaltung Teutschlands und Indien allen und jeden
was vor ein grosser unterscheid zwischen beyden seye / in deme nicht allein die E
leichter zu bauen/ theuere und häuffigere Früchte bringet / welche leicht zu versill
dern auch das Clima besser temperirt ist / also so wohl zur Gesundheit als zeitli
rung vor andern Ländern dienet.

Vierdtes Capitel.

Stellet vor Augen die Manier und Weg/ wie nemblich die Indische E
Nutzen von der Hochteutschen Nation möge gethan werden.

NAch dem es weltkundig und allen relationen gemäß/ daß der jen
Landes in Indien / so nun Hanauisch ist/ gleichsam ohne Vergleich
Fruchtbarer als unser Teutschland ist/ so folget nun / wie ihn die Hochteu
tion, fruchtbarlich geniesen und Ihro Hoch-Gräfl. Excellenz dē verhofften
aus ziehen / nemblich zu dem Ziel und Zweck gelangen möchten/warumb sie/ r
andern Capitel gemeldet / dieses Indische Werck ergreiffen. Dieses nun rech
len/ist zu wissen/ daß dreyerley Manier oder modi seynd zu nützlicher effectuirun
dischen Sachen gesämptlich nöhtig/ nemblich erstens eine Manier das Land / r
gantz wild und verwachsen ist / in den Stand zu bringen / daß es mit profit könn
tragen: Zweitens eine Manier/ wann das Land in den Stand seiner cultur kom
es zu geniesen: Drittens wie die Geld-und andere Mittel / zu vorigen puncter
müssen administrirt werden / von diesem letztern puncten / wil ich in folgende
handeln. den ersten Puncten nun anbelangend/ nemlich wie das Land auß d
de seiner Wildheit / in eine cultur zu bringen / wird vonnöthen seyn/ mit wenige
genwertige Beschaffenheit zu erzehlen / ist der halben zu wissen/das es eine Feste
Küste genennet werde. Küste ist so viel als ein Ufer oder Landstrich. Fest
genennet/ dieweil es keine Insul oder Eyland ist / sondern mit gantzem Americ
pus macht. Wild wird es genannt / dieweil es mit lauter Büsch und Bäun
auß bewachsen/ dann die Erd ist so fruchtbar/ daß sie nicht wil müssig stehen/ son
hand Büsch/ Bäume und Früchten hervorbringt/ worinnen allerhand Wild
Schwein und Vögel/in specie Papagey/Affen/in grausamer Meng/ gleich die'
allerhand Fischen erfüllet seyn. Voran ist das Land an dem Meer etwas flach /
sich/dann gemach an zu verhöhen/und in die Tieffe zugehen/ allwo es gesünder ur

zu wohnen/ aber voran ist es gut zum Reißwachs/ und besser hinauff zum Zucker/ es hat viel schöne farben/ gummaten/ mineralien/ und fruchtbare Gebürg in welchen sich unter-schiedliche Arten von Indianern auffhalten/ derer Natur nicht so böß als anderer ist/ zu-mahlen da man sie und ihre Weiber zufrieden lässet/ alsdann sie in moralität und humani-tät auch wohl uns Christen übertreffen/ sehr officiös und diensthafft seyn.

Zum Anfang nun dieses Landes cultivirung zukommen/ so ist vor allen dingen nö-thig/ daß man die Indianer zu freunden halte/ sie nicht Tod schlage/ noch sich an ihre Wei-ber halte/ sonst ist es geschehen/ wie dann die Frantzosen dessen genugsame Exempel geben können/ Mit Glaß/ corallen und andern Puppenwerck sind sie leichtlich zu unterhalten/ also daß obwohlen sie von Natur nichts arbeiten wollen/ umb eine kleine partey Glaß/ co-rallen, gantze Wälder umbhauen/ welches der Anfang zu einer Coloni ist/ dann vor allen Dingen muß/ und zwar in den neun feuchten Monaten Zeit/ diese Holtzfällung geschehen/ auff daß das gefällte Holtz in den dreyen dürren Monaten möge trucknen/ und dann hin-weg gebrennet werden/ damit bey Anfang der feuchten Pflantzmonaten/ die Erden möge bestecket und bepflantzet werden/ dann weil alle Früchten in Indien nur gestecket werden/ brauchen sie weder ackern/ noch pflügen/ noch ringen/ derenwegen die zuruckbleibende Stämm und Stöck in der Erden nichts hindern/ ist also die Holtzfällung das erste Fun-dament zur Coloni, wann solche geschehen/ so müssen auf den gereinigten Boden allerhand victualien gepflantzet werden als Reiß/ Maiß/ Carsavia, und andere Küchenfrüchte/ auf einem theil muß man lassen Graß wachsen vor das Vieh/ welches in kurtzer Zeit wunder-lich fett wird und zunimbt/ auch sich vermehrt/ und dieses muß nothwendig geschehen/ da-mit die Menschen von den Früchten das Landes sich ernehren können/ und nicht noth ha-ben/ in einem edlen Land Hunger zu leiden/ und ihnen auß Europa müsse Nahrung zuge-sändet werden/ auß welchem bösen Fundament dann so wohl der Holländer selbsten als der Frantzosen Colonien meistens ruinirt worden und zu grund gangen/ daß sie sich nemblich alsobald auff die negotia wollen legen/ unter dessen die Erde nicht gebauet/ sich nicht fest gestellet/ und also aus Europa ihre Lebensmittel müssen holen/ oder ihren gebaueten Zucker/ gleich wie die Eyländer thun/ umb victualien vertauschen. Wann nun dieses zweyte Fun-dament fest stehet/ als dann mag man anfangen solche Sachen zu bauen/ mit welchen negotia zu thun/ als Zucker/ Indigo/ Ingwer/ Tabac/ Saffran/ Seyden/ Baumwoll/ Olivenbäume/ Weinreben und allerhand andere Pflantzen/ auch seind alba vielerhand mineralien, wiewol es den Colonien rahtsamer wäre anfangs ihr wesen allein auff den Zuckerbau/ als welcher gewiß ist und nicht fehlen kan/ zu setzen/ dann der Zucker so admira-bel gut und häuffig an diesem Ort wächset/ als wohl an keinem andern/ dessentwegen auch diese Coloni viel grössere prærogativ vor den Caribischen Eylanden und Colonien haben wird/ dann in selben Eylanden müssen sie alle Jahr andere frische Zuckerröhr pflantzen/ hie aber stehen und bleiben die Zuckerröhr viel Jahr gut/ ja die Erde ist so zuckerbegierig zutragen/ daß wann etwan in dem stecken ein Zuckerröhr entfällt und krumm in die Erden zu stehen kombt/ es also auff und fort wächst. Der Feldbau in Indien ist gewaltsam leicht/ dann alle ihre Früchte/ wie gemeldet/ werden nur in die Erden gestecket. Zum Exempel ein Zuckerröhr wird in die Erden gesteckt/ in zwölff Monaten stehet es vollkömblich da/ es

wird dann nechst dem boden abgeschnitten/außgebrest/und der Safft eingesotten
Monaten stehet ohnweiters zu thun und Müh das vorig abgeschnitten Zuckerr[
in seiner Vollkommenheit da/ und so fortan.   Nachmahlen so haben auch uns[
nien grossen Vortheil vor den Eylandischen / dann unsere können victualien ba
sie Lands genug haben / die Eyländische müssen ihren Zucker umb victualien ve
und ihren Gewin selbst wieder verzehren / da uns der unserige bleibt/ können als
ctualien-und Zuckerhandel zu gleich thun.   Bey diesem dritten Fundament n[
lich bey pflantzung deß Zuckers und solcher Dingen damit negotien zu thun seyn,
daß man Negros, Sclaven/ das ist Mohren/Lands gebrauch nach/ erhandele/ d[
ren seynd nicht in America, dann darinnen seynd die Leut nicht viel gelber als w[
sondern werden aus Africa gebracht/ einem Land da es sehr hitzig / elend und ung
leben ist/werden derohalben aldort von der E. West.Indischen Compagnie der
ten Niederlanden/solche elende Menschen erhandelt/ und in American, ein viel e
gebracht/sie werden aldort ihre Sclaverey nicht allhier mit eines Bauren Freyhe[
angesehen ihre gantze Arbeit allein darinnen bestehet/ daß sie die Früchte stecken/ d
Vieh in obacht nehmen/ und andere Feld-und Haussachen verrichten / kein Gel[
sie geben / weil keines darinnen ist / und dennoch seynd sie selbsten das be
so in diesen Orten ist / dann keiner wird reich gerechnet / als so viel er Scla
dann so viel kan er Erden bauen/und die Früchte in Holland versilbern/ ein M[
edle Creatur zum Landbau/ dann sie sind der Hitze gewohnt und der Arbeit/sie hab
keine Besoldung/ als einen Tag in der Wochen frey/ sampt einem kleinen stücklei
welches so fruchtbar/daß es sie die übrige Tage der Wochen durch ernehren kan;w[
solche Bauren in Teutschland kauffen könte / was wäre es nicht wert
dennoch was würden sie da thun können / das gegen Indien zu rechne
sie müssen den Winter über feyren / dort aber ist das gantze Jahr [
und wie gesagt / eines Sclaven/der in den Feldsachen abgericht ist/ arbeit mag [
wohl einen halben Thaler æstimirt werden/da nun einer hundert Sclaven hat/m
des Tags wohl fünfftzig Thaler profit versichern/man lasse auffs höchste diese hund[
ven 1000.Thaler kosten/ wiewol sie die E.Compagnie umb 800. und vielleicht no
wenigers vor unsere Küst zu liefern/zugesagt/ und rechne ob das Capital nicht g[
interesse gebe/und dieses ist wie das letzte Capitel dieser Deduction beweisen wird /
sach/ daß einige particulir Personen in Indien/ welche den Feldbau durch die Sel[
in Obacht genommen/ mit zehen Thaler anlag/ zehen und mehr Tonnen Golds g[
haben und zwar in kurtzer Zeit/hingegen die solches nicht beracht / haben an statt
Schaden gehabt/ seynd derentwegen / damit man zum Schluß dieses Capitels for
gende Maximen in colonirung dieses Landes in acht zu nemen.

    1.Die Indianen und ihre Weiber zu frieden zu lassen/und zu freunde z[
    2.Sich mit einer fortresse Landwerts zuversehen.
    3.Die Holtzfällung in rechter Zeit in obacht zu nehmen.
    4.Genugsame Victualien zu pflantzen/ und biß solche in esse, provisi[
Europa mit zunehmen/ damit dem Magazin nichts mangele.

5. Keine Sclaven laſſen kommen als biß victualien vor ſie gebauet.
6. Alsdann den Zuckerbau und anderer Früchten/ durch Negros oder Sclaven laſſen verrichten.
7. Das Fundament und Abſehen allein auff den Feldbau anfänglich zuſetze.
8. Freye Anfahrt und negotiation alda gelaſſen.
9. In allem gut Order und Regiment beſtellt.

Fünfftes Capitel.

Von den Mitteln und andern requiſitis, ſo dieſes Indiſche Weſen werckſtellig
zu machen/erfordert werden/von der direction und
adminiſtration.

Bißhero iſt erzehlt worden/ wie ſich zu verhalten in cultivirung des Landes / nun erheiſchet es die Noth/ daß man von den Mitteln rede/ ſo darzu erfordert
werden.

Erſtlich / weil es eine Hochteutſche Coloni ſoll ſeyn / ſo wird es erfordert daß ſie auch
meiſtens von Hochteutſchen/außgenommen die Sclaven/ ſo Mohren ſeynd/ beſtehe; ſolche
Hochteutſche nun mögen theils verheurathet theils unverheurathet ſeyn / doch wäre beſſer
daß ſie verheurathet wären/ und ihre Weiber mit nehmen/ dann es in Indien ſchwer ohne
Weibsbilder zu leben iſt/ und auß Mangel derer hernach diſorder und confuſion mit den
Indiſchen Frauen gibet. Es iſt auch ein böſe Meinung/ das etliche darfür halten/man
ſolle jedermann ohne unterſcheid/ in ſpecie allerhand Huren und Buben/leichtfertig lum-
pengeſind oder Menſchen welche nicht gut thun wollen/ oder die auß deſperation dahin ge-
hen/ mit nehmen/ nein/ es iſt weitgefehlt/es müſſen freywillige/ ehrliche dapffere Leut ſeyn/
welche einen ehrlichen profit zu gewinnen und mit Ehren wieder in ihr Vatterland zukommen ſuchen. Dann wann das erſte Fundament einer Coloni falſch und auff Huren und
Buben fundirt iſt/ was kan gutes darauß folgen/zumahlen/ da in allen dingen der Anfang
zum ſchwerſten iſt. Nechſt dieſem iſt auch zu beobachten / daß man auch vor einen Anfang ſich nicht mit zu viel Menſchen überlade / dann ehe die Coloni noch in ſtatu und mit
gnugſamen victualien verſehen/ſeind viel Menſchen mehr ſchädlich als nützlich. Ohngefähr
fünffhundert Köpff ſeynd zum Anfang gnug/ darunter theils Geiſtliche/ Doctores, Bar-
bierer/theils Handwercksleut/Soldaten/ Bauren und Bergleut ſeyn müſſen.

Zweitens / ſolche Menſchen nun/ ſampt gnugſamen victualien dorten in loco auff
ein ganzes Jahr/auch mit dieſem/ was auff der Reyß und was in Indien zur plantagi von-
nöthen/ werden wohl Anfangs drey Schiffe erfordern / welche zum Anfang des Meyens
von Holland abſegeln müſſen/die Reyſe währet ungefehr drey Monat/ wiewohl ſie offters
in ſechs Wochen gethan worden.

Drittens iſt zu wiſſen daß der erſte transport von Menſchen und Anfang der
Colo-

Colonii, dann jährlichen succurs gesändet / und dieses sechs Jahr lang getrieben den / in welcher Zeit die Coloni in esse kompt 300000. Reichsthaler kosten wer Jahr 50000. Reichsthaler angewendet / dann es ist nicht genug / daß man eine (fange/sondern man muß sie auch secundiren, angesehen der Mangel eines succur sten Colonien ruin, und ihres Verderbens eine Ursach gewesen ist.

Vierdtens/ damit diese summa Gelds / als das fundament dieser Coloni, untreuer oder übel menagirt werde / so muß solche in der Banck zu Ambsterdam t Versicherung liegen/daß jährlich allein zu der Coloni besten / nach gestellter Ord Reichsthaler darvon dem Hochteutschen Indischen Contor in Ambsterdam gef den. Dann es müssen drey Contor bestellt werden/von der Kauffmannschafft/R und cultivirungs erfahrnen Rhäten/ theils Hochteutschen/ theils Niederländern sie muß in Indien seyn / das ander zu Ambsterdam / das dritte zu Franck Mayn/ oder in einer andern Stadt des Römischen Reichs / wo es nemlich Ihr Gräfl. Excellenz wird gefällig seyn. Das erste führt die direction in Indien/R hat mit Anlendung und Abgehen/Beladung/ und Entladung der Schiffen/das i Empfang und Verkauff der Güter / wie auch mit Einnahm und Außgab der Ge order und correspondenzen/so wohl an die participanten der Compagnie, als r sterdam und Indien / kürzlich mit dem Handwerck zuthun / und ist das Oberhai Räthe von den dreyen Contoren, werden so wohl an Ihro Hoch = Gräfl. Exc als die Herrn subfeudirte und teutscher Compagnie participanten mit Eyd und verbunden seyn.

Sechstens sollen solche Contoren dreyerley Rechnungen und Bücher führe vor Ihro Hoch = Gräfl. Excellenz particular Kammergüter / Zweytene Herrn subfeuditte, drittens vor die Hochteutsche West-Indische Compagnie. ! werden Ihro Hoch = Gräfl. Excellenz ihre eigene Colonien, Regalien, G Güter/und Zucker-Mühlen haben/dann seynd einige particular Herrn die entwede son / oder durch ihre bediente Sclaven dort halten / und Land zu Lehen von Ihr: Gräfl. Excellenz annehmen/die mögen sich dann so gut in der Oeconomigul und regieren als sie können. Endlich weil viel in Teutschland seynd/welche weder son hinein zu gehen Lust /noch Gelegenheit haben jemands vertrautes hinein zu schic mit Rechnungen/directionen und andern Sorgen so in Regierung der Sclaven (werden/zuthun haben wollen/dennoch aber gern in Indien provit machen wolten/ Ihro Hoch-Gräfl. Excellenz placidirt, eine Hochteutsche Compagnie zu girn und mit einem Lehen zu begaben/solcher gestalt/daß wer darein will/ sich bey de anmelde und licenz erlange/ so oder so viel Sclaven als er kauffen will/ sampt dem d hörigen Lande/zuversuchen/wann es dann Ihro Excellenz consentiren, so kan (Contor zu Franckfurt / Amsterdam und Indien eingeschrieben werden / in welche: Contoren alle die jenige Rhät und Stimmen haben mögen welche hundert Scla ben/es seyen particular oder Compagnie participanten, so mögen auch die partic der Compagnie ihre eigene Bediente in Indien sampt einem directore ihrem Gefallen nach halten/auch über dieses ihre Stimmen in den dreyen Contoren haben und in Indien gleich auch alle subfeudirte mit in dem Rhat sitzen/ des Lands/ der Coloni und negotien Wolfahrt concernirend/ doch behalten sich Ihro Hoch-Gräfl. Excellenz die Regalien, und hohe jurisdiction, Miliz- und Iustiz-Sachen bevor/ es seye dann sach/ daß sie solche durch special Gnaden einem oder dem andern in particulari cediren.

Siebendes/ voriger Ordnung gemäß/ werden so wohl Ihro Hoch-Gräfl. Excell. als die Herrn subfeudirte, auch Compagniesten/ ihre retour Güter sampt Rechnung empfangen/ welche nach Gutdüncken der Contoren entweder in Holland oder Teutschland versilbert und jedem participanten in Franckfurt sein Wechsel gemacht werden/ wo er ihn hin verlange/sonder daß er einige Sorge oder Müh darüber zu tragen hat.

Achtens/ welcher in Person hinein wil und ausser der Compagny ein Lehen in particulari begehret/ der kan sich àpart bey Ihro Hoch-Gräfl. Excellentz anmelden und solches gleich wie schon etliche gethan/ behörlicher weiß versuchen/ die in die Compagnie wollen/in gleichen/allwo sie dann mehrere particularia finden werden.

Letztens ist zu wissen/daß zweyerley Spesen zu diesem Werck erfordert werden/ einige zur ersten allgemeiner Cultivirung des Lands/ darvon in dem andern Puncten dieses Capitels/andere zu Erhaltung der Sclaven/ die erste müssen nach proportion zu den andern gerechnet werden/und die letztere müssen die ersten refundiren; ob nun Leut zu finden seyn/ die etwas zu beyden schiessen werden/und wie das Capital zu furniren,wünschte man daß alle die jenige welche solches nicht angehet und doch so sehr Sorg darvor tragen/ darzu contribuiren hülffen/so wäre die Summa bald beysammen. Was sonsten noch mehr in diesem Capitel von der Manier der Regierung und practicirung dieses Wercks zu melden/ das bleibet theils in den particular tractaten,welche höherer importang als daß man sie so in discriminatim drucken solte/ theils sind sie verfasst in den privilegien/ theils in dem letzten Capitel in dem invitatorio.

Sechstes Capitel.

Handelt von einigen Umbständen/welche bey Erlangung und Ratification folgender Privilegien vorgangen.

Wiewol in Indien eine Hochteutsche Coloni zu fundiren,bey uns Teutschen ein ungemein Ding ist/ so ist es doch bey den Spaniern/ Frantzosen/ Engeländern/Holländern und Schweden desto gemeiner/als welche unterschiedliche feine Colonien darinnen auffgerichtet. Käyser Carol der fünffte/hat gleichsam die Teutschen selber darzu eingeladen/in dem er den Welsern von Augspurg die Provinz Venezuella verehret/welche aber/ohneracht es ein herrlich Land/von ihnen deferirt worden/welche etwan das Meer und andere Ding gescheut/ gleichwol hat noch allezeit ein Füncklein in dieser Materi geglimmet/ zumahlen als einige Teutschen/welche in Indien gewesen/unterschiedliche Orten relation darvon gethan/ also daß der Nahme Indien/ etwas bekandter bey den Teutschen worden/ in specie durch Amsterdam/ allwo die Oerter und negotien nach Indien so gemein seynd/

B iij   als

als von Franckfurt auff Nürnberg zu reisen ist / als derentwegen dieses Werck v
in kieffere confideration gezogen worden / seynd von unterschiedlichen Orten i
land / theils bey Franckreich / theils bey Engelland / theils bey Holland privileg:
worden / einige Colonien in Indien zu fundiren / aber alle in der ersten Saat er
den / theils wegen Vneinigkeit der Negotianten, theils auß Mangel der Mittel /
gen der Privilegien, welche zu sehr reſtringirt waren / und sich nicht auff die Teu
heit richteten. Sehr wunderlich wäre es zu erzehlen wie H. Johan Joachim
Römischer Kayserl. Mayeſtät Rhat/in andern Geschäfften nach Amſterdam zu:
lens / und durch was wunderliche occaſion ihme von Ihro Hoch = Gräfl. C
commiſſion auffgetragen wurde / folgende privilegien, welche weder Ihro E
noch H. Becher selbſten glaubten/daß sie solche erhalten würden/bey der Edlen
diſchen Compagnie zu ſolicitiren / welches er auch that / und gegen vermuthen/ t
sagter Compagnie Gewalthabern in Amſterdam/solche humanität, civilität/unt
gegen diese Sache und Ihro Hoch = Gräfl. Excellentz verspührte/daß neben
privilegien selbſt außweisen/nur allein das köſtliche und höfliche tractament, wo
besagte Herrn / in dem Nahmen Ihro Hoch = Gräfl. Excellentz gemelten H
zu Amſterdam in dem Herrn Logiament tractirten, zu beschreiben / dann auch
Audientz ertheilt/conferentien und comparitien gehalten/eine grosse relation geb
als auch die privilegien auff Seiten der Edlen Compagnie ratificirt, hat selbige i
Sorgfalt/Fleiß / und Müh die ratification der Hochmögenden Herrn Staten E
dem Haag / gegen jedermänniglichs Meinen und Verhoffen erhalten und schriff
ſtellt/ nicht weniger haben auch Ihro Hoch = Gräfl. Excellentz ihre gute inte:
affection bewiesen / in deme sie zur conteſtation derselben / bald anfangs einige I
aus dero Kunſt-Cammer übersändet / sondern auch bey ankommenden privilegi
cie aber bey ratification derer so in Beyseyn Ihro Hoch = Fürſtl. Durchl.
Frau Gemahlin/ und Ihro Hoch=Gr. Gn. Herrn Johann Philip:
ro H. Brüdern/geschehen/ sich also contentirt bezeigt / daß sie mit Löſung der E
andern Affections Zeichen/ solche gnugsam bewiesen / seynd also die privilegie:
worden / welche in dieser Form und Vollkommenheit bis dato keinem einzigen
Compagnie seynd gegeben worden / und iſt dieser transport wie gedacht / nicht al
alles Verhoffen/ sondern auch wider alle böse Mäuler/ Feinde und Verfolger/ſ
Edlen Compagnie als Ihro Hoch = Gräfl. Excellentz/nicht im dunckelen ode
sondern offenbahr gethan/ und/Gott lob/zu Ende gebracht worden. Was sonſt
vor politische conſiderationes mit einlauffen / die seynd nicht nöthig anhero zu se
nige welche nun ihr Gespött mit treiben / und nichts drauff halten / werdens zu
befinden/wo sie eins der Schuhe trucken möchte. Dieses Caput nun beschliesse
gen die Privilegien sampt der Ratification selbſten/und zu Ende
seynd einige Anmerckungen und Erklärungen
darüber bey-gefügt.

45.

Siebendes Capitel.

Begreifft die Privilegien und Ratification selbsten/ist nach dem Original,so in
Handen Ihro Hoch=Gr. Excellentz/ treulich auß dem Holländischen
ins Hochteutsche übersetzt/wie folget.

Je Staden General der VereinigtenNiederlanden/allen den jenigen die
dieses lesen oder hören/ihren Gruß. Thun zu wissen/daß wir heute gehört und ein,
genommen haben die relation von dem Herrn von Henckelom und andern unsern/
zu der Sachen der West, Indischen Compagnie deputirten, laut unserer resolution von
dem 20. dieses / haben betrachtet und examinirt eine sonderliche Remonstration von den
Gevollmächtigten gemelter West, Indischer Compagnie, bittend von uns ein Act oder In-
strumentum von approbation / über das jenige / welches sie zu Fortsetzung der negotien in
Indien/mit dem gegenwärtigen regierenden Herrn Graffen von Hanau/wegen Auff,
richtung einer ansehnlichen Coloni auff der Vesten Wilden Küst in America, vergli,
chen haben/folgends der conditionen die hierbey von Wort zu Wort inscrirt seyn.

Nach dem es dem Hochgebohrnen Herrn Friederich Casimir / Grafen zu
Hanau/Rieneck und Zweybrücken/Herrn zu Müntzenberg / Liechtenberg und
Ochsenstein/Erbmarschalln und Obervogt zu Straßburg/beliebet hat/ herwarts
zu deputiren, dessen geheimen Rhat/ den H. Becher umb mit den H. Gewalthabern
der Privilegirten West=Indischen Compagnie der Vereinigten Niederlanden
zu tractiren über das Auffrichten von einer Hochteutschen Coloni in West, Indien/ und
besagter H. Becher an die vorgemelte Herren Gewalthaber der Cammer dieser Statt/ sei,
ne Vollmacht von hochgemelten Herrn Grafen den 19. Junii zu Hanau gegeben/
zur handen gestellt und überliefert/haben die vorgemelte Herrn Gewalthaber/mit besagtem
H. Becher/in dem Namen als droben gemeldet/ in krafft seiner Vollmacht und Credentz
Schreiben / über das Auffrichten und stabiliren vorgesagter Coloni , mit beyderseits contentement sich vertragen/so sie bey diesem Instrument fund thun/als folget.

I.

Die Herrn Gewalthaber von der privilegirten West, Indischen Compagnie der Ver,
einigten Niederlanden / stehen mit diesem gegenwärtigen zu / an Seine hochgemeldte
Excellenz, ein Strich Lands / gelegen auff der Vesten Küst in America, zwischen dem
Fluß Orinoque und dem Fluß de las Amazones , welchen Seine Excellenz oder ihre
Gevollmächtigte erkiesen mögen / (doch daß sie zum wenigsten sechs Holländische
Meilen / von andern Colonien die mit consens der West, Indischen Compagnie all,
da auffgericht seyn / bleiben) dreyßig Holländische Meilen breit / längst der See/
und hundert Meilen Landwerts in / oder so viel mehr als die Coloniret mit der Zeit
und Weil werden besetzen und cultiviren , oder ihnen zu nutzen bringen können / doch
mit Bedingung, daß der vorgemelte Landstrich / langs der See/in Zeit von zwölff Jah,
ren soll bebauet seyn / oder das jenige so alsdann unbebaut ist / wiederumb zur disposi-

tion

tion der Compagnie heimfalle/damit sie solches/ andern/welche es bauen wollen/
könne/ doch das jenige so als dann gebaut ist/ das bleibt und gaudirt dieser privi
gemein.

2

Die Compagnie gibt vorbeschriebenen Landstrich an seyn Excellentz/ als
oder Feudum, mit allen seinen regalien und zugehör/hoher/ mittelbahrer und nie
risdiction, doch daß seyne Excellentz an die Compagnie/ in dem Rahmen von
mögenden Herrn Staten General/ in der vorbeschriebenen Coloni, auf der Wei
durch seine Gevollmächtigte das Homagium, gleich bey Beschluß dieser Artic
ctirt ist/ præstire, und also dort allein ein Lehenman der Compagnie seye / ohne
solches in Europa und dem Römischen Reich præjudicirlich seyn soll / derentw
Seine Excellentz/ der Compagnie nicht weiter / als allein in loco, nemblich au
sten Küst/ da die Coloni wird seyn/zu assistiren schuldig / und hingegen die C
wiederumb Seine Exc.llentz/ allein da zu protegiren obligirt ist.

3.

Das vorbeschriebene Lehen / soll sich nach Natur der Lehen/erstrecken auff.
Kinds-Kinder/Brüder und Brüderskinder/oder auff die nechste Erben des Leh
ewig und erblich/ doch so offt dasselbige an eine andere Person übergehet / muß e
neues auff diese Articul erhoben/ und zur recognition fünff tausend Pfund Zuc
welche mit ein hundert Ducaten mögen redimirt werden.

4.

Seine Excellentz/ mag die vorbeschriebene Länder nach ihrem gefallen i
ben vertheilen/ und geben an wenn es ihnen beliebig/ auff solche conditionen/ wie
besten und rahtsamisten finden werden. Können derohalben darvon Unterl
geben/ewig und erblich/oder auff Zeit und Termin,mit und ohne jurisdiction, n
eigenen gut befinden / doch daß solche Unterlehen oder subfeudationes, an di
gnie bekant gemacht und von derselben confirmirt werden / da dann ein jeder so
hen bekompt/ vor seine quotam zur recognition, fünff hundert Pfund Zucker/
Ducaten zu redimiren, geben sol.

5.

Die Compagnie soll gehalten seyn / Seine Excellenz zu allen zeiten bey
hen zu manuteniren,und wann es vonnöthen seyn würde/ solches ohn einigen d
Veränderung von diesen articuln zu renoviren, so lang Seine Excellenz de
geannectirten Homagio wird nachkommen/ deßgleichen sollen auch durch di
gnie mit manutenirt werden/die Colonirer bey ihren Contracten und unterlehe
mit Seiner Excellenz eingegangen und gemacht haben/und da etwann in zeit
einige Strittigkeiten zwischen Seiner Excellenz, und derselben Unterlehen
Punct vom Lehensachan entstünden/sollen solche durch die Compagnie allein/ al
Oberlehenhof/vereiniget und geschlichtet werden.

6.

Seine Excellentz soll gemeldter Coloni, selbsten / oder durch seine Vollmäch-
tigte / so über die Policey / Justiß / als Kriegs, Sachen / die vollkommene und absolute
disposition haben und alda auff die Form der Regierung / Unterhaltung der Policey in
Weltlichen und Kirchlichen Sachen/solche ordinantzen machen / wie auch von administra-
tion der Justizie und was daran dependirt, als Sein Excellentz gut düncken wird / ohne
daß von einigen Sachen/ von was Natur die auch seyn möchten/einige provocation, oder
appellation aus der vorgeschriebenen Coloni geschehen mag/ sondern soll da alles schließ-
lich/ aus absoluter disposition gesprochen und decidirt werden / doch daß solche Schlüsse
und Ordinantzen nicht wider diese Articul lauffen / derentwegen die Ordinantz der Regie-
rung/ der Compagnie communicirt werden soll.

7.

Seine Excellentz sollen in Krafft vorhergehenden Articuln gehalten seyn / in der
vorgemeldten Coloni, alle gebräuchliche offentliche Exercitien und Ceremonien von allerhand Religionen/ die in Gott glauben/zu admittiren, doch daß sich jede ehrlich betragen/
kein Aergernuß oder scandal geben/oder sonsten ein böses Leben führen/ und da einige Re-
ligionen sich gegen einander setzen solten / soll den schuldigen solche Straff auffgelegt wer-
den/ als es Seine Excell. nach Zeit der Gelegenheit / zu der gemeinen Ruh / nöthig erachten werden.

8.

Alle die Colonier so sich in offtgemelte Coloni wollen niderlassen/ mögen mit Nah-
rung/ Handwerck/ Erdbau und eigener industrii, ihren Profit suchen / ohne einigen Zünfften oder Collegien unterworffen zu seyn/derentwegen auch keinem vor dem andern/ privilegien oder special Freyheiten/ über ein oder andere Sachen so die Nahrung angehen / sollen gegeben werden.

9.

Alle die Fahrt nach vorgemeldter Coloni, uñ von derselbē/soll von uñ zu den Vereinigten Niederlanden geschehen/so daß alle Nohtwendigkeiten von Kauffmannschafften / victualien, materialien, und ins gemein alle Waaren /welche die Coloniers vonnöthen/ aus
diesen Landen allein dahin/mögen/geführt werden/ und daß wiederum alle Früchten/ welche mit der Zeit in besagter Coloni fallen/und die von dannen nach Europa zuführen beordert seyn/nach den Niderlanden/erster hand abfahren müssen/umb alldar/oder von dannen
anderweits verkaufft und verhandelt zuwerden/ wo es Seine Excellentz zum besten raht-
sam finden wird. Auch soll Seine Excellentz/oder den jenigen welche sie Macht geben wer-
den/frey stehen/die Kauffmannschafften und die Waaren/so sie nach ihrer Coloni sänden/selbst
ausserhalb den Niderlanden/in andern Orten / wo es ihnen beliebig/zu holen und zu kauf-
fen/wo sie es zum besten befinden werden. Wañ nur solche nach der Coloni gehende Waa-
ren/ von den Niderlanden abschiffen und abgesänder werden/so soll auch seiner Excellentz/
die Colonier und Güter/ nach ihrer Coloni zu transportiren, frey stehen / mit allen und

C   jeden

jeden in den Vereinigten Niderlanden/ deß transports wegen zu tractiren, wo sich mit dem geringsten Kosten bekommen mögen.

10.

Wann auch mit der Zeit die vorgemelte Coloni, einige Schwartzen Se Negros vonnöthen haben möchte/ so behält zwar die Compagnie solchen Scla privativè vor sich allein/doch ist sie erbietig / die Coloni so viel Sclaven zu lieffe wird nöthig seyn/und das umb solchen civilen Preiß/ gleich nun die Compagni Sclaven/andern Colonien und Eylanden verhandelt.

11.

Alle Güter und Personen die aus vorgemelter Coloni geführt werden / frey seyn/von allen Lasten und Zöllen/sonder daß durch die Compagnie/auff dies ge Beschwerung alda mag gelegt werden / doch müssen alle Güter und Persone Coloni, in den Niderlanden ankommend / oder von da dorthin abfahrend/ vo Gülden Holländisch (seynd zwey Reichsthaler) vor jeden Last/ den Last pro 40 rechnet/bezahlen/ und dieses ist die Gerechtigkeit deß Lands / die gegenwärtig vo kommenden und abfahrenden Schiffen/nach und von der Westen Küsten in Int Compagnie bezahlt wird/sondern daß diese impost nach der Hand verhöhert wer wäre dann sach/daß die Herren Staten General/ auff die Schiffe/welche nach nien nach Indien in Americam gehen/einen höhern Zoll zu schlagen raht findete zu Lande auffstellten/alsdann aber/sollen dieser Coloni Schiff und Güter/nich andere beschwert werden. 12.

Die Compagnie/Sein Excell.ihre Gevollmächtigte oder Unterlehnleut ne Last/impost,accys noch andere Beschwerungen in vorgemelter Coloni auffste dern sollen in Plaß derselben/ vor eine General. Aufflag in der gantzen Coloni, erblich/zwölff und einen halben pro cento nehmen/von Sclaven/Früchten/Bes mineralen, und sollen die gemelte 12.und ein halbes pro cento genossen werden/ die West-Indische Compagnie/fünff/Sein Excell. fünff/ die Unterlehenleut/ einen halben. Doch mögen diese drey Partheyen / dieses Recht aneinander ve gantz oder zum theil cediren, nach ihrem Wolgefallen/; auch mag so wohl die Co als seine Excellentz/ und die Herren subfeudirte,ihre particulir Rentmeister ha jährliche Gerechtigkeit zu empfangen / doch daß solche Rentmeister weiters keine a haben als allein in solcher Einnahm / bey welcher sie von seiner Exc.llentz / o Vollmächtigen/sollen manutenirt, und mit starcker Hand protegirt werden/ua deß Homagii. 13.

Die Compagnie soll hier fürgehalten seyn / die vorgemeldte Colonii als e wird erheischen zu Wasser zu manuteniren und zu beschirmen/die Coloni aber m zu Land selbsten thun / auch wol zu Wasser / so es ihre Gelegenheit seyn wi im fall von Krieg/den Gott verhüte/soll sie zu ihrem profit behalten/was sie von erobert/doch dasjenige/ was die Compagnie bey ihrer assistenz von dem Feind er der Compagnie zur refusion der Spesen bleiben.

14.

Die Compagnie soll gehalten seyn/bey erster Überführung der Colonirer/

Gubernator oder Gevollmächtigten von seiner Excellentz/mit zu händen/ einen oder mehr Gevollmächtigte/ umb nach Gebrauch/ die possession des Lands ap seine Excellentz. oder Gevollmächtigte/ überzugeben/ hingegen wiederumb von deroselben Gevollmöchtigten/ den Eyd oder Homagium zu empfangen.

15.

Von diesen vorgehenden Articuln, sollen zwey Exemplar eines Innhalts gemacht werden/eins von der Compagnie/eins von Seiner Excellentz/unterzeichnet werden/auch soll auff dieselbige/Confirmation von den Hoch-und Mögenden HerrnStaaten General/ folgends gebraucht/versucht werden.

16.

Das Homagium so von seiner Excellentz/ und seinen Herrn subfeudirten præstiret soll werden / soll darinnen bestehen / daß Seine Excellentz / als auch die Herrn subfeudirte,respectivè das Land in Lehen besitzend und empfangend/solches nie von dem Stat der Vereinigten Niederlanden noch/ von der West-Indischen Compagnie alieniren oder entfrembden / und daß sie gegenwertige Articul ohnverbrüchlich halten sollen / gleich die Compagnie an ihrer seit solche ingleichem unverbrüchlich præstiren soll.

Also gethan/ geaccordirt und geschlossen/ zwischen den hochgemeldten Partheyen in Ambsterdam/den 18. Julii 1669.und war gezeichnet wie folget.

Friederich Casimir /　　H.Bontemantel als Bewinthebber.
Graf zu Hanau.　　Nicolaus von Beeck.
　　　　　　　　Arnout H. Hoofft.
　　　　　　　　I. Van Erpecom.
　　　Nach der Ordinanz der H.Bewinthebbern.
　　　Michael Ten Hove.

Welches angemerckt/ so ist/ daß wir mit reiffer Examination, und darauff gefolgter deliberation , mit vollkommener Erkandnuß der Sachen / die vorgeschriebene Conditionen haben approbirt und ratificirt gleich wir sie approbiren und ratificiren mit diesem/wollen und begehren/daß ihnen soll nachgekommen werden/gebieten und befehlen über dieses einem jeglichen/ den dieses mag angehen/ sich præcis darnach zu reguliren. Gegeben in dem Hag unter unserm Cachette pharaphure unter der signatur von unserm Griffer an dem 24. Julij Sechzehenhundert neun und sechzig.

Vt

Meermann
Nach der Ordinanz der Hochgemelten.
Herrn Staaten General.
N.Ruysch.

(LS)　　　　　C ij　　　　　Copia

Copia deß recreditivs der Weſt-Indiſchen Compagnie / ?
ro Hoch Gräfl. Excellens von Hanau / aus dem Holländiſche
in das Hochteutſch überſetzet.

Hochgebohrner Herr Graf.

ALs der Herr Becher uns vor einigen Tagen bekant gemacht h
Gewogenheit von Euer Excellentz / umb in Weſt-Indien eine Ho
Colonie auffzurichten / in den Gräntzen von unſerer Octroy- oder Pr
welche uns die Hochmögende H. Staaten General der vereinigten Niderlanden /
haben / und daß E. Excellentz gut befunden hätten ſeine Edelheit abzuſänden / um
(vermög der Vollmacht die ſeine Edelheit uns überlieffert hat) über das Auffri
ſtabiliren vorgemelter Colonie zu tractiren, ſo haben wir zur Stund / umb E. C
Willen zu vollthun / unterſchiedene conferenzien mit dem wohlgemelten H.
gehalten / und in denſelbigen durch ſeine Edel. Achtbarkeit / ſolche Verſicherung
gen / von guter Meinung von E. Excellentz / umb ein Werck ſo groſſer Import
allein faſt vor die Hand zunehmen / ſondern auch von Zeiten zu Zeiten kräfftig c
ten / daß wir endlich ſolche conditiones zuſammen geſchloſſen haben / als Seine
E. Excellentz wird überbringen / und vorweiſen / wir zweiffeln nicht / als daß E. C
in denſelbigen befinden werden / daß wir die Freundſchafft und Gewogenheit von C
lentz ſehr hoch æſtimiren, derentwegen alles zugegeben haben / das nur et
ſtalt mit Billigkeit hat können verlanget werden / gleich wie er uns auch an der an
ten vor die gute conduite, und auffrechte Meinung deß H. Bechers mit zum
bedancken / als welcher aus conſideration deß Gewichts dieſer Sachen / zu dem ger
ſten ſich keine Müh hat laſſen verdrieſſen / auch iſt uns abſonderlich ſo fern zu G
kommen / daß Seine Edelheit / auff E. Excellentz ſeit uns das jenige bewillige
Seine Edelheit befunden / uns durch raiſon, nicht abgeſchlagen werden könte / wa
auch nicht zweiffelen / die Conditiones werden E. Excellentz gefallen / und daß E. C
belieben werde / dieſelbige zum ſchleunigſten zu ratificiren, und uns ſolchen (ſamt
ſicherung durch den H. Becher unterſchrieben / ſo wir in Unſern Handen h
chiſſtem unterzeichnet / zu kommen zulaſſen / auff daß wir die Præſenten durch den
cher in E. Excellentz Namen an uns præſentiret, ſehr danckbar / als ſichtbar
von E. Excellentz Wohlmeinung / angenommen und empfangen habend / je ch
Gelegenheit bekommen möchten / durch Unſern geringen Dienſt / in allem da es C

folte zu Statt kommen/die Verpflichtung zu bezeigen/die wir erachten an E. Excellentz
schuldig zu seyn

Wormit/Hochgebohrner H.Graf/wir GOtt bitten sollen/
daß Er.Euer Excellentz Person in seine protection
beliebe zu nehmen/und desselbigen Regierung mit seinem
Segen zu Crönen/ und wir verbleiben

Euer Excellentz

Dienstwillige Diener
Die Gevollmächtigte von der privilegirten West=
Indischen Compagnie der Cammer Amb=
sterdam.
H. Bontemantel als Bewindheber.
Nicolaus von Beeck.
Arnout H. Hoofft.
Joh von Erpecom.

Ambsterdam den 3. August.
1669.

_____

Un folgen zum Beschluß dieses Capitels / einige Erklärungen und Anmerckun=
gen über einen und.andern Articul und sensum oder Wort so in vorhergehenden
begriffen.

NB. In dem Ersten introitu dieser Articuln der Ratification/stehet den 20. dieses/
ist zu verstehen Julii/ dann den 24.ejusdem ist dieses Act der Ratification außgefertiget.

NB. In dem andern Eingang der Privilegien stehet / Deroselben Geheimen
Raht Herrn Becher/es ist zu wissen/daß H.Becher weder diese Reiß/noch dieser expe=
pedition, noch diesen Titul gern auffgenommen / dafalls keine andere noch höhere Ursa=
chen mit untergeloffen/dann er sein stabiliment und Auffnehmen unter dem Durchleuch=
tigen Haus Beyern hat/welchem er biß in seine Gruben unterthänigst und getreu zu
dienen obligirt ist/ so ist auch H.Bechern nicht unwissend gewesen/ was die Feinde al=
ler guten Concepten in seiner.Abwesenheit/ Reiß und expedition, die er nicht jedem an die
Zähn streichen wollen noch sollen/von ihm urtheilen werden / wie ihme dann deß Pövels
Maul hierherumb/im Ubel nachreden wol bekant/ er hat seine expedition mit Ehren und
contentement verricht/und Ihro Hoch Gr. Excellentz sampt Dero Hochfürstl.
Frau Gemahlinn und Hoch Gr. Herrn Brudern/wie sie contestirt, satisfaction
gethan/ auch alle die zu schanden gemacht/die an seiner Wiederkunfft gezweiffelt/nun hat
er dem gemeinen Wesen zum besten/ höhere Sachen vor der Hand/und fraget nichts dar=

C iij   nach

nach/ was Hohe oder Niedrige/ Geist.oder Weltliche/ Gelehrte oder Narren/ N
Calumnianten von ihme hinterrucks Ehren abschneiderisch reden und urthe
schiebet ihnen cum infamia alle ihre calumnien wiederumb in ihren Busen/die sie
spargirt, und hält sie so lange vor infame calumnianten / wanns auch gleich s
wandten in Mäyntz und Franckfurt selbsten wären/ biß sie ihme/auch/ nur im g
beweisen/ daß er etwas wieder die Christliche Religion geredet oder geschrieben / e
der gute mores, Erbarkeit oder offentliche Rechten gethan/daß er jemands umb e
gen betrogen/ oder wissentlich einen Heller schuldig / sondern vielmehr kon er bew
er vielen guts gethan/ und da man ihme schuldig/ ihn mit Vndanck bezahlt oder
gen/was andere in seiner Abwesenheit gethan/darvon er nicht einmahl etwas gen
dannoch auffgebürtet/daß er der Billigkeit das Wort geredet / die erroren in der
ben der Menschen auch in allerhand Wissenschafften außzurotten/ und nicht das
thumb nur mit Worten sondern mit Wercken zubeställtigen gesucht / gleich sein
außgegangene vielfältige scripta bezeugen /welche sampt vielerhand wichtigen C
von hohen Potentaten der Christenheit / auch vornehmen gelehrten Leuten / so
gantz Europa/ die er/ wann er Ehrgierig wäre/ sampt vielen Ehrentituln / hoh
heimen Commissionen / ansehnlichen testimonien und Abbittbrieffen / an den R
und ständlich weisen könte/ gnugsam bey Verständigen demonstriren können,
ihme darumb feind seye/ weil er etwas mehrers / als der gemeine Pöfel zuversteh
thun sucht/ und nicht jedem auffwarten und sich gemein machen mag. Ars eni
bet osorem nisi ignorantem, eines verständigen Manns Lob aber/ gilt bey ihme
hundert Hochteutscher Narren Verachtung/ sein Symbolum ist allezeit gewesen
mens recti famæ mendacia rider.

In dem ersten Articul stehet daß in zwölff Jahren / die dreyßig M
längst der See / müssen gebauet seyn/ oder soll das ungebaute wieder z
die Compagnie fallen/ dieses ist billig/ dann Jhro H.Gräfl.Excellentz me
Land nimmer possidiren, solte es dann leer stehen und nicht andern gegönnet n
es bauen wollen? terra enim deserta est primi cultoris, juxta jus gentium. W
wissen/daß es alle in stehet/ an der See bebauet zuseyn/ in 12.Jahren/dann Landw
hat es keinen Termin/ sondern mag nach guter Gelegenheit geschehen/die 30.Me
der See bebauet zuseyn/ist nicht zuverstehen/ daß Fuß bey Fuß breit müste beba
sondern daß ein oder ander fortreffe und Colonie dahin geleget werde/ welche d
Theil an der See und Landwerths inn defendire, weiter ist zuwissen daß Jhro
Excellentz diese 30.Meilwegs längst der See/ an einander oder divisim nehmen
ein oder unterschiedliche Colonien fundiren mögen.

Anmerckung zu dem zweiten Articul.

Darinnen wird absonderlich erkläret/ daß das Lehen/ per consequens auch
schuldigkeit/allein sich auff Jndiē erstrecke/und keine connexion oder schuldige a
Europa erfordere / kan also Jhro Hochgräfl. Excellenz solches Lehen i

præjudicirlich seyn/viel weniger daß sie in Indien ein Lehen. Mann der West-Indischen Compagnie seynd / und dieses darzu/intuitu der Herren Staaten General / welche / wie auch die Edle West-Indische Compagnie/nicht nur Fürsten und Grafen zu Lehensleut/sondern gar zu bedienten gehabt.

Anmerckung ad Artic. 3.

Dieser Articul gibet das Lehen nicht allein an Ihro Hochgr. Excellentz/ sondern an Dero samtliches Hochgräfl. Hauß/die recognition so offt ein Fall geschiehet/und das Lehen wiederumb requiriret wird/ist leydlicher als an einem Ort in Teutschland.

Ad Artic. 4.

Dieser Articul gibt Ihro Excellenz das völlige jus, Afterlehen zu begeben und außzutheilen/daß nun solche der Compagnie müssen befand gemacht werden/ist die Ursach/ wie in dem fünfften Articul folget/daß wann Strittigkeit zwischen Unterlehensleuten und dem Oberlehenherren in puncto feudi entstünden/und die Compagnie solche zu decidiren angeruffen würde/ sie gleichwohlen wisse/wie der Oberlehenmann mit denen Unterlehensleuten tractiret,Item, daß stehet die von Ihro Hochgr. Excell. gegebene Unterlehen/ sollen von der Edlen West-Indischen Compagnie confirmiret werden/ das ist zu bestehen/ daß wann sie von Ihro Hochgr. Excell. gegeben seyn/sie von offt geb. E. West-Indische Compagnie/müssen confirmiret werden/auff die jenige Articul/ wie Ihro Hochgräfl. Excellenz mit ihren Unterlehensleuten werden tractiret haben.

Ad Artic. 5.

Krafft dieses Articuls ist jederman bey dem jenigen gantz kräfftiglich versichert/was er mit Ihro Hochgr. Excellenz dißfals in Lehensachen tractiren würd / massen dann die Edle West-Indische Compagnie / auff allen Fall manutenentz zu leisten / sich verbündig und erbiethig machet.

Ad Artic. 6.

Dieser Articul giebet Ihro Hochgr. Excell. die absolute und souveraine Gewalt/ in Justitz/Militz/Policey/Geist-und Weltlichen Sachen/ohne einzige dependentz oder appellation an die Edle Compagnie/welches Freye Privilegium / weder Hispanien/Franckreich noch Engelland/jemahlen einigem geben wollen/sondern sich solches vorbehalten/und alle ihre Colonirer, ihren Generaln unterworffen / wie beschwerlich es auch jederzeit den Colonirern gewesen/aus America nach Europa zu appelliren, ist der Indischen Sachen verständigen/gnugsam bekant/daß aber zu Ende dieses Articuls stehet / daß die Ordinantz oder Form der Regierung der Edlen Compagnie solle communiciret werden/ist nur allein von dem project der Landsrechten zuverstehen/welche Ihro Excellentz einmahl vor allemahl in Indien auffrichten werden/damit gleichwohl die Edle Compagnie wisse/was vor Rechten alda in dem Schwang gehen/ohne daß die particulier Sprüche und Schlüß / an die Edle Compagnie dörffen communiciret werden.

Ad Artic. 7.

Dieser Articul begreifft in sich die Freyheit der Religionen/doch solcher nur/welche an
GOtt

GOtt glauben/ein ehrliches Leben führen/und keine Aergernuß geben/derentweg
die Atheisten/Epicuristen/Præadamiten/Polygamisten/ und dergleichen Scand
eten außgeschloffen werden / was in dem übrigen die Freyheit der Religion / ei.
vor Nuzen bringen könne / beweiset unter andern Holland selbsten / daß weiter
Articul stehet/ es solle sich keine Religion wieder die ander sezen/ ist so viel auf
solle keine die Oberhand haben/sondern jede ihr freyes/offentliches Exercitium
Ceremonien gebrauchen.

Ad Artic. 8.

Dieser Articul hebet die Zünfften auff / und giebet Freyheit einem jeden si
zu ernähren womit er kan / durch diesen Punct ist Holland in Flor kommen/daß a
sie sollen keinen Collegien unterworffen seyn / ist zuverstehen/ keinen Handwere
ten/ und daß keinem Particulier Privilegien gegeben sollen werden/ ist zuverst
Monopolia v.g. welche die Orleana bauen/mögen wohl eine Compagnie oder C
auffrichten/so von denen nur allein bestehet/welche zu diesem Bau Lust haben / al
dieses Collegii/ seynd si nicht gezwungen/sonsten nichts als Orleana zu bauen/ode
gewisse Zahl einzunehmen/sondern es stehet jedem frey hinein zutretten/und neb
zu bauen was er will. Item Jhro Hochgräfl. Excellenz können allein da
gium geben/Orleana, oder andere Früchten allein zubauen/oder damit zuhandel
ein monopolium wäre.

Ad Artic. 9.

In diesem Articul seynd dreyerley zu consideriren 1. Daß die An. uni
auß und nach Indien / von den Vereinigten Niederlanden geschehen müsse/zu
es mag von Ambsterdam/von der Maß/ oder Roderdam seyn/oder wo es Jhre
beliebig/wann es nur aus den Vereinigten Niederlanden geschicht/daß es aber t
schehen müsse/ ist billig/ dann das ist der einzige Vortheil / welchen der Staat
Teutscher Colonie hat/ also fahren auch die Spanier aus ihren Indien in Span
die Engelländer nach Engelland/und die Franzosen nacher Franckreich/doch ist
daß in diesem Articul stehe/daß allein die Früchten/so auß Indien von dieser Col
Europa zuführen beordert seyn/in den Vereinigten Niederlanden anländen mü
aber gebiethet nicht/ daß diejenige Güter/ so diese hochteutsche Colonie in Indie
dern Orten auffer Europa/zuverhandeln willens/solche erst nach den Niederlant
müsse/ als die solche auffer Europa verhandeln mögen/wo si wollen.

2. Stehet in diesem Articul/daß Seiner Excellenz frey sey / die Güte
ihrer Colonie aus Indien kommen/ in den Vereinigten Niederlanden verk
laffen / oder von dannen anderwerts wieder auffer den Niederlanden zuverhar
seye nun wohin es wolle/ und wohin es der Handel erfordert/haben also darmit
das freye negotium.

3 Stehet Krafft dieses Articuls/auch Jhro Hochgr. Excellenz, frey/die
der Güter nach ihrer Colonie in Indien destiniret seyn/einzuhandeln/ und ein

25

wo sie wollen / inn oder ausserhalb der Vereinigten Niederlanden. V.g. in Franckfurt/ Hinau/rc. Wann sie nur auß den Vereinigten Niederlanden/nacher Indien abschiffen/ so seynd auch laut dieses Articuls/ Ihro Hochgr.Excellentz nicht gebunden/ der Edlen West-Indischen Compagnie Schiffe zu gebrauchen/ sondern mögen selbige/in den Vereinigten Niederlanden/kauffen oder dingen/ wie und wo sie es zum besten thun können/ haben/also das jus navigationis & negotiationis inn und ausser den Vereinigten Niederlanden/welches/was es auff sich habe/ wann es die Hochteutsche negotianten capiren werden/gnugsam in dem effect erweisen würd.

Ad Artic. 10.

Was es mit den Sclaven vor ein Bewandnus habe/ ist in dieser deduction pag. 13. weitläufftiger außgeführet / solche derohalben zu bekommen und zu liffern/ umb einen gewissen Preiß/vor Ihro Hochgr.Excellenz Colonie ad locum, hat sich die Edle Compagnie obligirt,und zwar mit dem Beding deß Preises/gleich Sie solche an andere Colonien verhandelt/derentwegen sich auch in letzter audienz und Conferenz,gegen offterwehnten H. Becher declariret,die Contracten vorzuweisen/ welche sie mit andern/ deß Seiahven handels wegen/geführet.

Ad Artic. 11.

In diesem Articul seynd abermahlen dreyerley zu mercken 1, Daß alle Güter und Personen in der Colonie in Indien/ weder von den H. General Staaten/ noch von der Edlen West-Indischen Compagnie mit einiger Last/ Zoll/ oder impost mögen beschwert werden/ausser was in dem nachfolgenden 12. Articul stehet. 2. die Güter aber so in den Niederlanden ankommen oder abgehen/sollen vor 4000.Pfund 2. Reichsthaler Zoll gebe/ welches so leidlich ist / daß der gantze Centner nicht mehr als 18. Pfen.Zoll gibt/ were zu wündschen daß man sonsten allenthalben bey den Zollstätten so leicht dardurch kommen könte / auch verstehet sich daß die victualien, materialien und Instrumenten, so zur aufferbauung der Colonie anfangs nöthig/von diesem Zoll frey seynt laut aller Privilegien. Das 3.gemelt würd/solcher Zoll nicht ohne Consens der H. General Staaten erhöhet werden solle/ und da Hochgemelte H. General Staaten solchen Impost erhöheten / diese Hochteutsche Colonie nicht anders als andere Colonien gehalten werden solle/ist/sich gar nicht zu befahren/daß solche erhöhung/ohne erhebliche Ursachen geschehen werde/ dann die Hochmögende H.General Staaten/gantz eine andere maxime, als andere haben / in deme sie an statt der Beschwerung der negotien, auff derer Erleichterung gedencken.

Ad Artic. 12.

Dieser Articul ist in favorem aller Colonirer und Lehenleute / auch Unterthanen der Coloni gemacht/ damit sie wissen/ was sie jährlichen geben sollen/ es ist aber zu wissen/ das die 12. und ein halber pro cento, auff Gewin sich erstrecken / dann ja leichtlich ein Colonirer, wann er 100. Reichstaler gewinnet 12. und ein halben davon seinem Herrn geben kan/gesetzt nun/ ein Unter.Colonier hätte 100.Sclaven erworben/so kommen darvon der

D   Edlen

Edlen Compagnie 5. Seiner Hochgräfl.Excellenz 5. seinem particular Vr
mann/ 2. und ein halber Sclav (darvor ein Kind gerechnet wird) zu/ gehörete
Sclaven eigentlich Seiner Hochgr.Excellenz zu/so haben sie den Vortheyl/
und ein halben vor sich selbsten in der Anlag behalten/und nur 5. an die Edle Co
geben / und dieses ist auch also zu verstehen von Früchten und allerhand andern
Weiter/ so stehet es Seiner Hochgr.Excellenz,der EdlenCompagnie und de
lehenleuthen frey/Ihr jus ein ander zuschencken oder zu cediren, gleich man dann i
daß biß sich die Coloni ein wenig erhohle/ solche auff etliche Jahr/ dieser Imposte
seyn werden/ daß endlichen zum Beschluß dieses Articuls stehet/ daß die Rentme
Einnehmer dieser impost, kein weiter authorität in dem Regiment / ausserhalb d
nahm haben sollen/ist vielen confusionen,so anderwertlich/wo diese restriction ni
viret wird/täglich vorlauffen/ zu verhüten geschehen/ auch darumb/damit/ wan
grosse authorität hätten/ sich einiger monopolien anmasseten.

Ad Artic. 13.

In diesem Articul verspricht die Edle West-Indische Compagnie/ die He
Coloni, zu Wasser zu defendiren , zu verstehen auff ihre der Edlen Compagn
derentwegen auch die clausula dabey angehenget/ daß/was sie zu Wasser erobern
der Edlen Compagnie/ zu refusion der gethanen Außlag/bleiben solle.

Warumb aber die Hochteutsche Colonie von der Edlen Compagnie keine
zu Land verlänget/sondern sich selbsten zu defendiren begehret/hat seine absonder
sachen/ es ist der Hochteutschen Coloni gnug/ daß sie macht habe/ sich selbsten
und Land zu defendiren, und daß/das durch den Krieg erworbene/ ihr eigen ble
ohne einige Lehenschafft. Ad Artic. 14.

Dieser Articul begreifft in sich die formalia der investitur, die dort in loco
ter reciproce nechst Leistung deß Homagii wird præstiret werden.

Ad Artic. 15.

Diesem Articul gemäß seynd zwey exemplar in fol. regali außgefertiget wor
Pergament in rothem Sammet eingebunden mit durchzogener güldener Sc
Helfenbeinen capsulen, welche die H. H. Bewindhebber den 18.Julii in Ambste
Hochmögend: H. H. Staaten General den 24. Julii in dem Hag/und seine,
Excellenz in Hanau/den 22.Augusti/allerseits St.nov.mit behörlichen solen
monien ratificiret haben. Ad Artic. 16.

Begreiffet in sich das Homagium, ist gestellet nach Natur aller Lehenrecht
lich/daß man die empfangene Landen/von dem Estat der Niederlanden und Ed
Indischen Compagnie / nicht veralienire. Vnterschrieben stehet auff einer Sei
rich Casimir/Graf zu Hanau/ dessen uhraltes Hochgräfl. Haus in gantz Te
zwar wohlbekand/ den ausländern aber/die dieser Sachen unwissend/wird anher
wenigen gesetzt/ daß Ihro Hochgr. Excellentz sampt dero Hochgr. Ha
Gott dem Allmächtigen nit allein mit zwo grossen ansehnlichen/ in vielen Städter
fern/Flecken und Dorffschafften/bestehenden Graffschafften/ welche gar wohl ei
stenthum bey vergleichen/in dem H. Römischen Reich gesegnet / sondern auch so

dem Hochlöblichen Hauß Oesterreich / als andern hohen Königlichen Chur-und Fürstl. Häusern in Verwandnuß stehen/anderer allianzen. und wie solches Hauß vor vielen hundert Jahren seinen Vrsprung genommen und auff diesen hohen Grad kommen / umb beliebter kürtze willen zugeschweigen. Auff der andern Seiten stehen unterschrieben H. Bontemantel als Bewinnthebber/ hier ist zu wissen daß H. Bontemantel nicht nur Bewinthebber oder Gevollmächtigter/der West-Indischen Compagnie / sondern auch Præsident deß Schöpffen Raths zu Aambsterdam / und in Abwesenheit des Schultheissen/als des Obristen Haupts in Ambsterdam / in seiner stell ist / wie er es dann würcklich gewesen / als er Jhro Hochgr. Excellentz/ zu Ehren dero tractament beygewohnet/ wer nun den Estat von Ambsterdam und H. Bontemantel kennet/wird leichtlichen wissen was dieses vorhergehende zu sagen hat.

In der Subscription folget weiter /Nicolaus von Beeck Bewinthebber/ ein Herr der in dieser Sach viel affection erwiesen/und allezeit Commissarius darinnen gewesen.

Drittens Arnour H. Houfft, dessen H. Vatter seel. wegen seiner klugen Schrifften/ gantz Holland kennet/ diesen gegenwertigen Herrn aber / seiner Sittsamkeit / Verstands und Redlichkeit wegen / alle treffliche Leuthe veneriren, Er ist Schöpff von Ambsterdam/ uñ wann sich andere vornehme Herrn deß West-Indischen Estats und dieser Hochteutschen Colonie solcher gestalt als Hochgemelter Herr/ mit Raht und that annehmen thäten / so braucht es anderer consilien gar wenig.

Vierdtens stehet in der Subscription, Joan von Erpecom, dessen humanität nicht weniger/als seine affection bey dieser Verrichtung zu loben ist.

Letztens stehet/nach der Ordinanz der H. Bewinthebbern/Michael Ten-Hove, ist Pensionarius oder Advocat, wie man es in Holland heist/ von der West-Indischen Compagnie, zwar noch ein Junger Herr / aber in welchem bereits vestigia , eines alten Verstands blicken/ und wann die promotion in Holland / nach den graden der experiens und verstand gehet/ dörffte dieser Herr noch wohl ein hohe Staffel der Ehren erreichen / sein alter Herr Vatter/ welcher Jhro Hochgr. Excellentz zu Ehren/ auch auff dem letzten tractament gewesen / ist solcher civiler humanität/ daß auch dessen anschauen nur bey jedermann eine obligation machet / Er ist bewindhebber der West-Indischen Compagnie der Camer von der Maas/ein Herr der bey der Ratification der Acten/nit wenig gethan hat.

Nun folget die formula der Ratification, darinnen weiter nichts zu melten ist/ als die wörter cachet pharapure und Griffier zu erklären / cachet heist ein Siegel/paraphure ein Zeichen/so viel als unter der Hochmögenden Herrn General Staaten Jnsiegel/ Griffier ist der jenige / so ihrentwegen unterzeichnet. Darunter stehet unterzeichnet/ Meermann/ ware damahlen Præsident von den H. General Staaten und in specie von Holland/ besser darunten stehet/nach der Ordinanz der Hochgemelten Herrn Staaten General/ Nicolaus Ruysch, dieses ist der vorerwehnte H. Griffier.

Nach diesem folget eine Copia des recreditivs, in welcher zu mercken/ daß die Edle Compagnie, absonderlich ihre gute affection, durch zulassung solcher ansehnlichen Privilegien contestiret, und dann daß sie diese Sache vor ein Werck von hoher importanz hält/

D ij

hält/daran dem gemeinen Besten gelegen/ derentwegen deffen effect verlang
jenige zu schanden machen / welche weder Holland noch Indien noch diese affairer
confequens kennen. Endlich ift zu erklären daß Sie Herrn Bechern den titul (
barkeit geben / es ift ein Ehren titul und ceremonie, welche fie den jenigen geben
eine confideration ziehen / derentwegen Er H. Becher nicht zu beneiden / als w
hohen Stands Perfonen dergleichen / auch noch wohl höhere titul, auffweifen fi
diefes wären alfo einige Anmerckungen und Erklärungen / über vorige Privilegie
heime animadverfiones aber/bleiben an ihrem Ort/wo fie hingehören.

Nun folten zum Beschluß noch die jenige Privilegia beygefüget werden
Ihro Hoch = Gräfl. Excellenz in particulari ihren Vnterlehenleuten geben
Item das Lehenrecht und conditionen, wormit fie eine anfehenliche Weft-Jndif
pagnie einladen und inveftiren wollen / auch was fie derfelben nebenft den vori
fchen/noch vortreffliche Privilegien in Europa zueignen wollen. Weilen aber der
fteller diefer Deduction, noch zur zeit umb gewiffer Vrfachen von Ihro Hochgr
folche in Druck zu publiciren keine licenz erhalten können/ als wird diefes caput r
wärtige befchloffen/dörffte aber vielleicht ins künfftige mit permiffion Ihro Gr
ein particular Act davon gedruckt werden/ in deffen wird es fchrifftlich den jenigen
nicirt werden / welche es zu wiffen vonnöhten haben / dann man mit diefer dedu
mand/als nur den gemeinen Mann in genere unterrichten wollen.

Achtes Capitel.

Widerlegt einige oppofitiones und ladet zu vorhergehendem/ die Hochteutfche Nation ein.

Je erfte und wichtigfte oppofition ift / welche fchier in aller Menfchen M
gehet / folgende / wann das Land / fo die Edle Weft - Jndifche Compa
H. Grafen von Hanau gegeben hat / etwas nütz / und profit darinne
wäre/fo behielt es die Weft-Jndifche Compagnie felbften/ dann die Holländer in i
fo einfältig feynd/daß fie etwas/wo profit mit zu thun ift/ ihren nechften Freunden
fchweigen frembden überlaffen/ja es kommet zu diefer oppofition noch ein gröffere
chen diefe/daß nicht allein Schweden/Franckreich/und Engelland öffters/fondert
Weft.Jndifche Compagnie felbften/ohneracht fie anfangs 170. Tonnen Golds
in Brafilien das edelfte Land gehabt / an Verftand Witz und Regierung nichts n
und dannoch nach vieler groffer Arbeit und Mühe / felber Orthen endlich in Grun
worden/ was Franckreich mit Colonirung der Jndien gethan/ wie ftarck es folche
Guiana angegriffen / wie übel es dannoch reufciret,ift weltkündig ;Hifpanien,we
Edelfte und Silberreichfte Land in Jndien hat / ziehet nach abgezogenen Vnko
wenig daraus ; Schweden hat darinnen alles verlohren/und ift fich deffen nicht zu
dern/es feynd darinnen (wie die oppofitiones lauten) ftetige Kriege / wann der ei
bauet / fo nimmet es ihme der ander hinweg / indeffen erfordern die Sachen groß

lange Zeit/ehe man wieder etwas genieſſen kan/nicht weniger iſt zu förchten die Vntreu der
Gubernatoren, die böſe Ordinanz der jenigen/ ſo ſolches regieren / es iſt weit von hauß auß/
über das Meer/wie kan man Rechnung bekommen / ſterben viel zur See/und dort wann ſie
hin kommen/ ein Prinz / der unter die Geſcheiteſte von Teutſchland gerechnet wird / ja die
Compagnie ſelbſten/ darinnen ſo viel kluge Köpff/haben dieſe difficultäten nicht ſuperiren
können/ daß ſie nicht über die 200. Millionen Schaden gelitten / und die particulier Colonirer in Braſilien verdorben/ und die gröſte Noth gelitten / was wil dann ein Graf von
Hanau thun/ein frembder/ein Hochteutſcher mit ſo geringen Anfang/deme ſein Land und
Leute allhier in Teutſchland zu regieren ſchwer gnug fället / was wird es erſt in Indien zu
thun geben/und warumb thun andere gröſſere/ reichere/ und mächtigere Herzen in Teutſchland nicht dergleichen? Es iſt beſſer in Teutſchland bleiben / als Teutſchland Menſchenarm
machen/Indien hat Spanien depopulirt. König David ſagt/bleibe im Land und nehre dich
redlich. Das iſt ein groſſer Gewinn/wer Gottſelig iſt und läſſet ſich begnügen ; laſſet ungerathene Leut dahin ziehen/die nicht gut wollen thun/ GOtt hat uns in Teutſchland noch mit
Wein und Brod verſorget/darzu guten feſten Boden gegeben/wer wil ſich dem wilden wü-
ſten Meer vertrauen / da ſo viel Schiff untergehen? Vnd wann ſie gleich ins Land kom-
men/kommet doch von 100.nicht einer wieder zurück/wer wil ſeinem Leben ſo feind ſeyn/daß
ſelbe ſampt der Geſundheit/ehrlicher Nahrung/Ehr und reputation,ja Seel und Seligkeit
in Gefahr ſetzen? Dann wo bleibet der Chriſtliche Gottesdienſt / auß weſſen mangel auß einem Chriſten ein Heyd würd? Wo bleibet die civile converſation ehrlicher Leute / auß welcher Mangel civile Menſchen zu wilden Leuihen werden? Kürtzlich wo bleiben Kunſt und
Wiſſenſchafften/ Ehrentitul und Dignitäten / auß welcher Mangel / nichts hohes / nichts
braves in der Welt gethan wird. Letztens in Weſt-Indien iſt keine Beſoldung/noch Geld/
ohne welches letztere/als ein Göttin der Welt / kein Muth etwas zu thun iſt/ welches / wann
es ehrliche Mutterkinder bedencken/ werden ſie wohl Indien fahren laſſen/und andern ver-
zweiffelten Waghälſen und unruhigen Köpffen ſolches Schlauraffenland überlaſſen.
Wer weiß ob ſolch Land in der Welt einmahl/ und ob es wahr iſt/ was man davon ſchreibet/
laſſet uns nicht mehr davon reten/man hält ſonſten dieſe / ſo wohl die zuhören/als die es erzehlen vor Narren.
      Dieſes ſeynd ungefähr/die Reden und Einwürffe/welche nicht allein bey Unverſtän-
digen / als alten Weibern und dergleichen / Sondern auch bey Gelehrten / Staats-und
Standsperſonen/im Schwang gehen/worauß man klärlich blicket/wie nach der Menſchen
Verſtand und affecten , eine gute Sache durch böſe Beſchreibung / ſo ſcheinbahr übel der
Welt kan vorgeſtellt werden/daß niemand daran zweiffeln ſolt/es wäre ihm alſo/noch glauben ſolte/daß es anders ſeyn könte / zumahlen da es nunmehro im Gebrauch / daß man ur-
theilet / ehe man den andern Theil gehöret / wann es aber heiſſet audiatur & altera pars , ſo
wird dem Schrifftſteller nicht vor übel auffgenommen werden/wann er nun auch vor Indien / die jenigen Puncten und Reden erzehlet / welche mit Grund und Warheit davon ge-
ſagt werden können/wiewohlen dem Schrifftſteller lieber wäre/daß er deſſen überhaben wä-
re/nicht daß er die objectiones zu reſolviren ſich ſcheuet/ ſondern daß er einige Fehler entde-
cken muß / welche etliche ungern hören werden / etliche gar nicht hören noch wiſſen ſollten/

                                    D iij   wie

...

...

wie aber öffters der Unschuldige umb deß Schuldigen willen leyden muß / also
einer deß andern wegen / in dem es heisset / durch ander Leut Schaden wird man klu
ausser dem Spiel ist und zusihet / mercket den Fehler ehender als der mitspielet /
Hochteutsche / ein wachendes Aug auff die Indische Sachen gehalten / und ob
cket / worinnen es bißhero gefehlet / werden diese folgende Widerlegungen der vori
ctionen von punct zu punct ausweisen / welche nicht gering zu achten seynd / dar
schaffenheit der West-Indischen negotien und colonien, gründlich zu penetriret
ring Ding ist / sondern eine Sach von hoher importanz, welche auch viel nicht
lange Jahr damit umbgangen / zum Werck derohalben selbsten zu kommen / so fä
ste opposition an; **Wann mit dem Land / so die West-Indische** Compag
Hoch-Gräfl. Excellenz gegeben / profit zu thun / oder solches etwas m
so würde es nicht auff den **Herrn Grafen von Hanau** / so lange Zeit her
tet / noch die West-Indische Compagnie solches einem andern gegeben /
selbsten behalten haben. Diese opposition ist sehr scheinlich / aber doch mit gute
zu beantworten / nemlich / wann die West-Indische Compagnie, absonderliche
Erdbau und colonirung gehabt / oder ihr Absehen darauff gerichtet hätte / so thä
bis auff den heutigen Tag Brasilien besitzen / so hätten sie neu Niederland nicht
so stünden auch ihre colonien in Guiana besser / ja / damit man ein näher exempel
den Holländern so sehr mit der colonirung bedienet wäre / so hätten sie in dem ir
Teutschen Krieg / die beste Weinberg an dem gantzen Rheinstrom an sich erhandel
Capital schon öffters wiederumb sampt reichlichen interesse haben können : So
len die Holländische Nation von Natur nur auff die negotia und Handlung d
lassen sie den Erdbau stehen / und machen allein profession, das Erbaute einzuha
zu verkauffen / was nützte es dann nun der West-Indischen Compagnie, wan
West-Indien / ja auff den heutigen Tag noch Brasilen hätten / und wären kei
Früchten und Kauffmanns. Güter da / damit sie Handel treiben könten / sie hab
sem öffters wol zehen Schiff dahin gesändet / und war kaum so viel gebauet / daß
beladen konte. Diese Insel Barbados so den Englischen zukommet / war vor 30. J
nig oder gar nichts erbauet / nun wächset so viel Zucker und Früchten darauff / da
lich wohl 100. Schiff / nicht zu geringem Nutzen der Engelländer / darvon belade
wann nun diese Insul von den Engelländern / nicht wäre cultiviret worden / so
dieser Handel nicht zu hoffen / weilen derohalben die West-Indische Compag
Vereinigten Niederlander / solche Schiffahrt und negotiation suchet / so ist ja u
an dem Ort da sie hinfahren und negotiren wil / das jenige zuvor cultiviret werd
sie negotiren wil / solches nun zu cultiviren, muß entweder die Compagnie das
bauen oder andern solches zu bauen überlassen / es ist aber schon gemeldet / de
West-Indische Compagnie / sich bey ihrem coloniren übel befunden / auß Urs
die Holländer bessere Handels. als Bauersleute abgeben / und nicht so auff die

der Früchte/als auff der erbaueten Früchten Verhandlung/ ihr Absehen haben/und ist ge=
wiß/wann auch die Ost=Indische Compagnie selbsten / durch die Holländische Nation,die
Specereyen/so sie herauß bringet/ müste bauen lassen / sie würde eben der West=Indischen
Compagnie gleich / übelfahren / hingegen siehet man an der Englischen Nation / was vor
treffliche colonirer sie seynd/ was vor fruchtbare vnd reiche Colonien sie gemachet/ und
was vor grossen Nutzen sie damit geschaffet/ möchte einer sagen/ warumb nehmen dann die
Engelländer dieses Land nicht und cultiviren es auch / Antwort/ warumb seynd die Engel=
länder nicht meister über die gantze Welt? Sie haben so mehr Landes als sie bauen können/
warumb thut es dann nicht Portugall? Antwort/ Portugall wird in etlichen hundert Jah=
ren sein Brasilien nicht gnugsam cultiviren können/ Spanien gehet allein auff Gold und
Silber/ und wann es sich auff den Erdbau legen wolte/ hätte es so viel in Europa,in Hispa=
nien zu thun/ daß es dieser Länder wohl vergessen würde. Franckreich hat selbs so viel Lands
in Indien / daß es mehr zu thun haben wird / gegenwertiges zubebauen / als Gedancken zu
schöpffen / künfftig ein mehrers zuverlangen / warumb es Schweden / Polen und Denne=
marck nicht thun/ist vielleicht die Ursach/die man anziehen kan/man fraget/warumb es die
Hochteutsche Nation biß.in dato nicht gethan/welche meistentheils darin beruhet/daß gleich
wie jedes Land seine eigene Früchte träget / also jede Nation und Regiment seine absonder=
liche Eigenschafften hat/ die Republic von Venedig/macht allein Staat von Krieg zu füh=
ren/ und ihren Adel in unterhalten / verlassen hingegen die negotiation. Teutschland hat
stetigs mit politischen Händeln zu thun/ andere seynd in einer Schlaffsucht/und neben dem
sie mit stetigem Sorgen und Armuth angefochten werden/ verzehren sie sich untereinander
noch darzu durch den Neid. Holland setzt seinen Staat nicht in ewigem Krieg führen/nicht
in unendliche factionen und Zusammenkünfften/nicht in Armuth/ Neyd und disharmo=
ny , sondern allein in die negotien, worinnen es nicht schläfft/ und wer dieses betrachten
wil / darff nicht fragen / warumb Holland so reich und andere Oerter so arm
seynd / noch viel weniger wird mann dann fragen / warumb Italien / und so
viel andere Stätt / Chur, und Fürsten in andern Ländern / und Teutschland
solches nicht gethan. Es wird auß eben diesem Fundament die Frage beantwor=
tet / warumb es andere Hochteutsche Fürsten und Herrn / Republiquen und
Stätt in Teutschland / vor dem Herrn Grafen von Hanau / nicht ge=
than / der Hochmuth / Schlaffsucht / die factionen , die Unerfahrenheit/ Man=
gel der Resolution etwas grössers zu thun / ewiges Jagen und Sauffen / oder
was ärger ist / Brieffschreiben / Land und Leut aneinander zu hencken / Ab=
schaffung ehrlicher Leut / werden diese Frag. leichtlich erörtern. Aber wieder=
umb auff die West=Indische Compagnie zukommen / so ist es genug / daß
dieselbige hat erkennen lernen / daß sie glücklicher sey in Verhandlung der Gü=
ter der Colonien / als in fundation und Cultivirung derselben / und daß sie
sicher darfür hält / die Hochteutsche Nation seye in dem Erdbau. so trefflich /
als die Engelländische immermehr / und in ihrem Regiment viel stricter und rigoroser

d'E

als andere Nationen,welche durch ihre insolenz, luxurie und liederlichkeit/Geitz/u die ansehnlichsten Colonien ruinirt haben. Wie aber Seine Hochgr. Exce Herrn Grafen von Hanau die resolution gefast / solches Werck anzugreiffer die Frag/ wie und aus was vor Ursachen die Edle West-Indische Compagni dachten Herrn Grafen/daß jenige gegeben/welches/ausser Seiner Excellent gedachter Edlen Compagnie empfangen zu haben / sich keiner mit Warheit biß men wird/ die Edle West-Indische Compagnie sucht Bauren/ die ihnen ihr La und solche Bauren macht sie zu Freyherrn/die Bauren hingegen suchen Kaufflei ihnen/ihre erbaute Güter abhandeln / und machen die Edle Compagnie zu eine mann. Wo sich nun ein solcher Bauer und ein solcher Kauffmann/wol verehlic dörffte vielleicht noch ein Kind daraus gebohren werden/welches grösser seyn wirt eigene Eltern.

Den Beschlus von dieser opposition zu machen / so war die Frag/ wann d profit thut / warumb es die Compagnie nit selber behalte/ die Ursach im vorher hat genugsam bewiesen/ das die Edle Compagnie lieber kein Land/ als ein Land f zen haben wolle/ wie sie es dann mit dem transport von Brasilien gnugsam erwie doch/daß sie lieber etwas wenigs Nutzen von einem Land/ als gar keinen davon h dann es ist gewiß/ehe daß die Holländer den Rheinwein bauen thäten/sie lieber ke cken würden/ hingegen die Hochteutschen/ ehe sie selbsten über Meer/nur den S Wein in Person holen solten / sie lieber dessen müssig gehen würden/ ist also der S daß eine Hand die andere wäschen müsse/ und daß/der das Glück habe/ im Sprichwort saget / die Braut nach Haus führe / und so viel zu der ers sition.

Die andere anbelangend/ welche noch grösser als die erste scheine / hierinn daß so viele Nationen/mit so grossen Anlagen/die Cultivirung in Indien angega dannoch übel außgeschlagen/bestehet in der Beantwortung darinnen/ daß erstli das Climat nicht wol verstanden/kalte Länder vor warme erwehlet/ Zweitens/ statt die Erd zu bauen/Schlösser/Pallast/neue Stätt gebaut/Drittens/ daß an dens mit den Indianen sie Krieg geführt haben / Vierdtens/ daß sie in Indien pæisch Regiment aufgericht/Geld hinein gebracht/Besoldungen gemacht/ da sic dann auff seine Besoldung verlassen/und da man vermeinet/man habe ein Part ren/ so hat man eine Parthey besoldeter Diener gehabt/also an statt der Uberfül gebauter Früchten der Colonirer,eine Hinfahrt von groser Besoldung der L (welche darzu noch nicht einig waren) hat thun müssen. Weil dann derohalbe tens/ die general maxime von West-Indien ist die Erd zu bauen/ und darv ten zur negotiation zubekommen/welche ihre Zeit/Weil/und Arbeit haben müs gen die interessenten und principalen geblings reich wollen werden/derentwegen gotia treiben/ oder auff Bergwerck fallen wollen / so hat nicht fehlen können/ t Colonirer sich auff nichts/ als auff Besoldungen und das magazin legen u

bauen/hingegen/die Principalen auff nichts als negotia sehen wollen/daß beyde nicht cor-
respondirer, sondern mit einander verderben müssen / doch seynd einige Particulire gewe-
sen/die ihre Sachen besser in obacht genommen/und all ein auff das Fundament des Erd-
baues sehent wohl mit 10. Reichsthaler/innerhalb 10. Jahren / in West-Indien 10. und
noch mehr Tonnen Golds erworben haben. Die unverständigen sagen es sey ein
Glück / aber es muß ein freygebiges Glück seyn;/ daß so bey vielen / die man täglich noch
weisen kan/solche Gaben außwirfft/es ist aber gewiß/daß solches Glück allein darinnen bestehet / daß man mit den Indianern freundlich seye/ein gutes fruchtbahres Climat habe/
dasselbige wohl baue / und auff seine Sclaven fleissig achtung habe wer aber diese industri
nicht in obacht nehmen/und dannoch auff einen Augenblick reich werden will/derselbe/wañ
er in seiner Meinung sich betrogen findet/wird Sechstens thun/was alle die jenige gethan/
die das End haben wollen sonder Anfang/ nemblich/ wann sie in etlich wenig Jahren nicht
also bald grosse retouren sehen/werden nicht continuiren, von welchem vitio, noch biß dato
niemands / so groß er es auch anfänglich angegriffen/ außgenommen die Engelländische
Nation/ sich excusiren kan. Was Siebendens die Order anbelanget/ solche Sachen zu
regieren/hat sich auch bißweilen der Zaum auff das Pferd nicht geschickt/und sich also nicht
zuverwundern/wann es auß allen diesen Ursachen hernach nicht hotten wollen.

Der dritte Einwurff bestehet darinnen/daß sich stetigs eines Kriegs zu befahren/
gleich die Historien dann geben / daß je einer dem andern das seinige abgenommen/ diese
opposition wohl zu erläutern/ist zu wissen/daß die Kriege so in West-Indien geführt wer-
den/zweyerley seynd: Einer seits mit den Indianern/ andern theils unter den Europæern
selbst. Was die Indianer anbelangt / so haben sie stetigs Krieg miteinander/ welches
aber den Europæern mehr vortheilhafftig als schädlich/ dann auß diesen Ursachen ist sich
nie zu befahren/daß die Indianer einig/und zu mächtig würden/auch schader solcher zwie-
spalt und Krieg den Europæern nichts/ wann sie sich nur nicht mit einmischen / eines oder
andern Indianischen Königs oder Capitains parthey halten/ was aber den Krieg angehet
so die Indianer mit den Europæern führen / so bestehet die Verhürung dessen Ursach/ in
der Europæer eigener Gewalt/ dann wann sie sich nur also guberniren/daß sie keinen Indianer todschlagen / entweder zum Glauben/ oder Arbeit/ oder Unterthänigkeit zwingen/
auch ihre Weiber zu frieden lassen/ so hat es gantz keine Noth und gefahr/sondern bleiben die
Indianer in höchster Freundschafft / und in ihrer eingebildeter Freyheit/ seynd sie durch
civile tractirung/in die höchste Dienstbarkeit zu bringen. Und dieses ist die Ursach/ daß
vor diesem die Englische Colonien, in allen ihren Vestungen nicht sicher waren/ nun aber
leben sie mitten ohne Vestungen unter ihnen. Was aber angehet den Krieg der Europæer
welchen sie unter einander in Indien führen/so hat es damit folgende Bewandtnus: Daß
nemblich solcher Krieg / nicht ohne Ursachen geschehe/ worunter die principalste ist / daß
wann einer dem andern sein Land hinweggenommen/ der beleidigte solches wieder zu recu-
periren suche. Also haben die Portugisen / Brasilien wieder bekommen/ hingegen die
Holländer/an statt neu Niederland/Serrenam. Es wird aber mit den Indischen Oertern
also gehalten/ daß sie entweder durch transport anderer Sachen/ oder vor Geld erhandelt
werden/oder/welches das principalste ist / dem jenigen zugehören/welcher sie zum ersten gebauet und cultiviret, und auß diesem letztern Fundament/gehöret der jenige Strich Lands/
E   wel-

welchen die Edle Compagnie dem **Herrn Grafen von Hanau** gegeben / derſ
mag alſo mit fug von andern benachbarten nichts dargegen geſprochen noch fein
gegriffen werden. So ſtehet auch der Staat von Holland mit ſeinen benachbart
genwertig in Frieden/und da gleich eine ruptur geſchehen / könte doch dieſes Lehen
Leheninhaber in Jndiē/nichts darfür/noch derentwegē mit fug feindlich angegriſ
den/gleichwol aber iſt es rathſam und nöthig/und auff allen Fall zur beſſerer Verſi
dienlich/ daß man ſich mit einer guten fortres, Landwerts in / damit man ſiche
Canonen und Schiffen/Seewerts/ſeye/verſehe/ und ſolche mit nöthiger Soldude
beſetze/dann alſo wird es keine Gefahr/ weder von den Europæern noch Jndianer
angeſehen die Kriege zu Lande in Jndiea/nicht ſo rigorôs, als in Europa, können
werden/alles derhalben was die Spanier/Franzoſen/Portugiſen/Engelländer/S
und Holländer in Jndien verlohren und einander genommen/iſt theils durch ver
und practicken / theils durch ſchwache Beſatzung/ ſchlechte Munition und Prov
lohren gangen/ angeſehen offters in einer gantzen Veſtung kaum 20. Mann gew
che noch darzu/durch übele direction, der daraus erfolgter rebellion, Hunger un
alſe mehr von innen/als auſſen ſeynd/incommodiret worden.

Die vierte objection wirfft die groſe Speſen/vor/ſo zu einem ſolchen We
dert werden/da wird geantwortet/daß mit nichts/nichts verrichtet werden könne. S
ſen ſeind ſo groß nicht/ als man ſie wohl macht / wann man den effect dargegen
Der transport von Ambſterdam bis nach Jndien/ von 500. Köpffen/ und 200. S
ſo von V. ctualien als Materialien, in zweyen Schiffen/ die Reiſe auff 100. Tag g
vor Koſt und Fracht macht nicht mehr als 13580. Reichsthaler/laut particulier J
der jenigen/die ſich auff die equipagie der Schiffe wohl verſtehen/ ſo wird ein Mag
allerhand Victualien und Materialien vor beſagte 500. Köpffe/ auff ein Jahrlan
ſich nicht viel über 20000. Reichsthaler belauffen/laut ſpecialer Rechnung/ſo nic
eben hiebey zu ſetzen/ daß alſo/ wie in dieſer Deduction pag. 12. ſtehet/ der trans
das Magazin, ja die erſte auffrichtung der Colonie ſich nicht über 50000. Reich
lauffen wird/hingegen/werden die Speſen alle Jahr leichter/indeme die Victualie
ſelber im Lande gepflantzet/und die Koſten des Magazins erleichtert werden. Da
jährlich die Colonie mit friſchem ſuccurs entſetzt/ und ſich wohl in der Colonie g
zumahlen/ da man Sclaven an die Hand ſchafft/ wird die Colonie i gar kurtze
nem guten Stand kommen/ und ihre Speſen reichlich refundiren , angeſehen/
eine Zuckermühl zu wegen bringt / welche mit 150. Sclaven kan gehandhabet we
jährlich auff die 200000 Pfund Zucker proſperiren kan. Dieſe 150. Sclaven fo
ſtück vor 80. Reichsthaler gerechnet/ 12000. Reichsthaler/ welche ſampt den tr
koſten jährlich von zwey Schiffen und noch andern Außgaben/ 6. Jahr continui
dem Verlag zu noch vier Zuckermühlen und darzugehörigen Sclaven/ alle in de
ſumma der 300000. Reichsthaler/davon pag. 12. gedacht/begriffen ſeyn. Nun ka
ckermühl/ſo von 150. Sclaven bedient wird/ 200000. Pfund Zucker jährlich gebe
zum wenigſten in ihrer roher geſtalt 12000. Reichsthaler werth ſeind/das Pfund

ber gerechnet/importiren also 5. Zuckermühlen jährlich 60000. Reichsthaler/welche das Capital der 300000. Reichsthaler (derer wenigste theil doch ankff diese Zuckermühlen / der meiste aber auff die fortres, transport der Colonirer, Magazin und andere extraordinari Außgaben gerichtet/ also mit der Zeit die Zuckermühlen/das capital, so pure allein auff sie gewendet/gar leichtlich cento pro cento verzinsen können) mit 20. pro cento verintressiren, welches sie innerhalb vier Jahren/als das Werck recht angegriffen wird/ thun können/ dann in währender Zeit, der Zucker in perfection seiner plantagi stehet / andere Mittel zu geschweigen/welche vielleicht also beschaffen/ daß sie den Interessenten, das erste Jahr/ein gutes verschaffen werden. Wann man nun diesen herrlichen Nutzen/ gegen das Capital der 300000. Reichsthaler hält/ wird man nicht Ursach zu sagen haben / die Spesen seyn groß. Manche Comœdi, Jagt/lustreiß/ Feuerwerck/ Panquet/Kindtauff bey grossen Herren/ erfordern so viel Spesen / welche alsdann mögen groß genennt werden / weil sie verlohren/ und die geringste Interesse nicht tragen / hier aber wird Land und Leut darfür erworben und ein herrliches Interesse zu wegen gebracht / es ist wohl zu glauben / daß in Teutschland jährlich mehr Geld in Karten verspilet wird / zu geschweigen daß vielmehr/ unnützer weiß/ nur an Bändern verschlissen wird/ davon doch Teutschland weder Ehr noch Nutzen/sondern Schade und Schand hat/von dieser Hochteutschen Colonie hingegen/kan gantz Teutschland Ehr und Nutzen haben / in dem es seinen Teutschen selbsten das Geld gönnt/ welches es biß dato vor Zucker und andere dergleichen Waaren/ein groser Menge den Frembden ausser Lands gegeben. Dann wann dieser Hochteutschen Colonie Zucker so gut/als anderer ist/und nicht nur in gegenwertigen currenten,sondern auch wol ingeringerem Preiß gegeben wird / so scheinet es natürlich zu seyn daß die Hochteutschen ihr eigen Gut / andern præferiren, und also dieser Hochteutschen Colonie, einen sicheren geschlossenen debit oder consumption machen werden/welches auch von andern/ in West-Indien fallenden Waaren zu verstehen ist / also daß keine grosse Spesen mögen genennet werden/wodurch mit der höchsten reputation, Teutschland mit Land und Leuten vermehrt/ das Geld darinnen erhalten/noch ein mehrers dazugebracht/ der Handel in einem besseren vigor gesetzt/ und jedem / durch sein capital ein ehrliches interesse zu gewinnen/ ein freyer sicherer Weg gebahnet wird.

Fünfftens wird eingeworffen/die cultivirung dieses Lands/ werde lange Zeit erfordern/ welches auch wohl seyn kan/ wann man es schläfferig angreifft / ist also der Mangel nur bey den jenigen/die das Werck dirigiren/ die in dem Erdbau zu langsam/ hingegen in dem Reich wollen werden / zu geschwind seyn/ an dem Land aber selbsten ist kein Mangel oder Langsamkeit/dann weil der Boden Fruchtbar/ein Feuchtwarmer Sommer und gutes Climat ist/ wachsen die Früchte schleinig fort und stetigs/ da hingegen bey uns in Teutschland / Viehe und Früchte den Winter über stillstehen. Ein Kern von einer Citronen oder Pomerantz / in den Indischen Hanauischen Landen/ zu was für Zeit des Jahrs es beliebig / in die Erden gesteckt/ gibt innerhalb vier Jahren einen vollkomenen grossen Baum / der das gantze Jahr über zeitige Früchte träget/ würde in Teutschland in zwölff Jahren solches nicht thun/der Zucker erlanget in einer Jahrszeit seine vollkommenheit/ und

E ij
mit

mit einem Wort/ Vieh und Früchten/ wachsen alle schnell und häuffig fort/ u
zweiffel/ innerhalb vier Jahren Zeit/ da die Colonie ihren Fleiß anwendet/ werd
Zucker. Mühlen/ gnugsame Victualien und andere Güter gepflantzet haben/ wo
tien zu thun seyn/ als Wein/ Oehl/ Indigo, Orleana, Seyden/ Baumwolle m
chen/ auch ist sich zuver sichern/ daß wann einige Colonien langsam gerathen sey
an den Colonirern/ und nicht an der Erden gefehlet. Gleich dann Barbados
Virginia bey den Engelländern/ ja bey den Holländern selbst/ die Colonien S
Pauroma, Essekepe, und Berbisie, welche alle in kurtzer Zeit wohl reulcirt, gnugf
sen/ daß der Fleiß der Colonirer/ der Natur unter die Arm greiffend/ in gar f
præstiren könne/ was andere in vielen Jahren nicht gethan.

Sechstens ist unter andern Einwürffen auch folgender/ daß einige fürch
zu weit von Hauß/ man werde keine Ordnung noch rechte Rechnung halten/ so
die dieses fürchten/ die meynen allezeit/ es gehe nicht recht zu/ wo sie nicht zu gegn
die dieses fürchten/ wissen nicht die Ordnung der Buchhalterey/ noch verstehen/
und nette Regierung der Ost-Indischen Compagnie, welche/ ohneracht Ost-In
wol viermahl weiter ist als West-Indien/ dennoch ihre Rechnungen/ Ordinan
Außtheilungen so nett führet/ als wann sie alles beysammen in Holland lieg
Es ist in dieser Deduction pag. 12. gemeldet worden daß diese Hochteutsche
zu stabiliren und zu guberniren drey Contoren erfordert werden/ eines in Franck
Mayn/ oder einer anderen Statt wohin es Ihro Excellentz oder künfftiger.
schen West-Indischen Compagnie, belieben wird/ eines in Amsterdam/ und ein
dien/ diese drey Contoren müssen das Directorium von dem Werck führen solch
daß das erste in Teutschland/ exempli gratia in Franckfurth/ die obere direction f
Gelder einnehme/ und die Interesse wieder außzahle/ das Contor zu Amsterdam
die Schiffe und andere nöthige Güter nach Indien senden/ und von dannen n
pfangen/ alles nach disposition und Erforderung des Contors von Franckfurt
von Indien/ welches letztere allda die direction vom gantzen Staat führen wird/
von Pflantzung der Früchten/ übersendung der retour, dirigirung der Sclaver
deren Sachen. Diese drey Contoren werden miteinander correspondiren/ mit
Caution an die Participanten obligirt seyn/ also daß durch wenige Menschen z
Werck in Europa und Indien dergestalt regiert wird/ daß ein jeder welcher sein E
Franckfurt ein'egt/ in Versicherung stehet/ daß er ohne weitere Erinnerung obe
nung/ jährlichen/ nach Außtrag der retour, das Interesse seiner Gelder empfä
dann dergleichen guberno zu stellen/ in Holland nichts ungemeines ist/ sondern
llonen Capital, jährlich also administrirt werden/ den Hochteutschen aber/ wir
derlich vorkommen/ daß mit so wenig Menschen/ so grosse Ordinanz gethan wird
ein jeder Bürger und Bauer in Teutschland/ der sein Geld an das Contor zu F
anlegen wil/ in Indien profit damit thun könne/ sonder daß er nöthig hat umb D
gen sich zubekümmern/ sondern daß er endlich nöthig hat seine Interesse zu fordern
lein wann das Jahr umb ist/ einen Wechselbrief an diesem Ort zu empfangen/ n

Hochteutschen West-Indischen Contor in Franckfurth / solchen an ihn zu addreſſiren/ ordinanz wird gegeben haben / geſtaltſam jedes Jahr die Rechnung der retour, ſampt der quota der Intereſſe, gedruckt wird werden / alſo an der Ordinanz der Hochteutſchen Contoren nicht zu zweifflen / ja ſolche / ihrer Ordnung halben / in ſolche conſideration kommen / daß andere hohe Häupter/ ſie auch über ihre Colonien, zu directorn zu machen/ in Sinn genommen.

In dem Siebenden Einwurff / welcher / wann man die Warheit ſagen ſol / ſchier bey der Hochteutſchen Nation der gröſte iſt / findet ſich die oppoſition, daß es weit über Meer ſey/ die Schiffahrt gefährlich / und leicht ein Unglück geſchehen ſey/ diß iſt das einzige / was die Hochteutſche Nation eckelt / nehmlich der groſſe Bach / es iſt wunder/ daß ſich die Teutſchen ſo vor dem verſauffen fürchten / da ſie doch ſo gern ſauffen / und der Hochteutſchen ihr lebenlang mehr in Wein als in der See verſoffen. Aber adpropo zu kommen / ſo iſt dieſe Indiſche Hanauiſche Landſchafft / nicht mehr als 1000. Teutſcher Meilwegs von Amſterdam / welche bey den Holländern in ſo geringer conſideration, daß ſie ſich weniger Bedencken machen über See dorthin/ als von Amſterdam nach Nürnberg zu reiſen / ſie förchten das Land/ wie wir das Waſſer/ und ſcheinet gleichſam eine Weibiſche Furcht vor der See / in unſerer Hochteutſchen Nation zu ſeyn/ die doch ſonſt profeſsion vor allen andern Nationen macht/ weder Feuer noch Schwert zu ſcheuen / damit man aber wiſſe/ob dieſe Reiſe auch zur See/an die Weſt-Indiſche Hanauiſche Landen / gefährlich und lang ſey / ſo iſt zu wiſſen / daß in dreyſſig Jahren kein Schiff / ſo dorthin gangen / verunglücket oder untergangen ſey / ja daß es weniger Gefahr habe / als von Amſterdam nach Schweden oder Norwegen/ nach dieſen Orten in Indien/ zu reiſen / dann in der Oſt-See viel Felſen und Klippen / in dem groſſen Ocean aber keine ſeyn / angeſehen ſo bald man da den Canal von Engelland paſſirt / und die Höhe der Canarien erreicht / welches in wenig Wochen geſchicht / ſo fangen die beſtändigen Winde an / die zu gewiſſen Zeiten des Jahrs/ die man obſerviren muß/ nach Indien gehen/ welche ſie die Muſon nennen/ alsdann ſeind die Winde ſelbſt der Steuermann / und iſt keiner G. fahr noch Klippen zu beſorgen. Die Zeit der Reiß anbelangend/ ſo wird ſolche auffs längſte in drey Monaten gethan/ wiewohl ſie gar offt/ und ſchier ordinarie, in ſechs Wochen vollbracht worden / man laſſe es aber drey Monaten ſeyn/ iſt das ſo eine groſſe Zeit von Hauß/ und auff der Reiß zu ſeyn? Eine Zeit die halb im Schlaff vergehet/ und die übrige bey den Hochteutſchen in Eſſen und Trincken/ in Spielen und andern Kurzweilen zugebracht wird/ fürwar es iſt leichter / luſtiger und geſunder / auch nüglicher / dreymahl nach dem Weſt-Indiſchen Hanauiſchen Landen / als einmahl nach Candia zu reiſen / ja es wird dieſe Reiſe zu Waſſer die 1000. Meilen/ mit weniger Ungelegenheit / Koſten / und Bemühung / als wann man von Franckfurt nach Wien zu Land reiſen ſol/ verrichtet / die derhalben dieſes Land ſo ſehr ſcheuen / daß dahin zu kommen / zu Waſſer geſchehen muß / haben entweder eine böſe conſcienz, daß ſie dem Waſſer nicht trauen/ oder eine ſchwache Natur/ daß ſie ſolches nicht ertragen können / oder keine experienz, als welche die See nicht verſtehen/ oder keine luſt dahin zu

E iij

gehen /

gehen / als die solche kahle excufen vorbringen / oder keine resolution, als die lie
dem Ofen sitzen wollen / welche alle / ob sie gleich nicht dahin gehen wollen / wenig
legen/ ja besser ist/ daß sie nicht dahin gehen/ als welche dort so wenig als hier nutze
Vnd so viel von dieser objection, welche man etwas weitläufftiger außführen m
weil sie den Kunckelstuben Junckern/ zum meisten im Gemüth liegt.

Achtens/ wird auch eingeworffen/das viel zur See sterben und dort im la
kan zwar an allen Orten sterben / und sterben mehr ordinarie auffm Bett / al
See/ dennoch aber/ auff diese Frage zu antworten ist zu wissen / daß die meiste Kra
zur See / von Hunger und allerhand Mangel herkommen / welche auff sehr lang
und übeler Direction der Schiff-Patronen über die Victualien, entstehen/diese
difche Reise aber ist sehr kurtz/ und wird Zweiffels ohn/ von der Hochteutschen Re
die in Essen und Trincken sehr liberal ist / dessen gnugsame provision, und darü
tes gubernament bestelt werden/daß sonsten die See von Natur ungesund/wird
mit Warheit sagen können / vielmehr seynd Exempel / daß krancke Leut daran
worden/dann die meisten Kranckheiten von alten verlegenen Speisen/faulem W
einem Wort / von dem Geiß / der solchen Sachen nicht vorstehet / und dann von
den Küsten und Vfern / als in Guinea und Oft-Indien einige seyn / herrühren
aber bey uns nicht zubefahren / als welcher Anfahrt so gesund und frisch ist/ daß d
rende in kurtzer Zeit gesund werden / und/ wann sie auß vorhergehenden Vrsach
gantz wassersüchtig und scharbockicht ankommen / und nur / etliche wenige Ta
Tranck trincken/ welcher in unserm Land/ von einer Frucht gemacht wird/die ma
nennet/ werden sie in kurtzer Zeit gesund. Also die Seekranckheit gar wenig zu
daß aber dort im Lande viel Menschen sterben/ die dahin kommen/ ist wahr/ wan
lich sich nicht wohl in der diæt guberniren/ sondern in Müssiggang / Fressen und
und fleischlicher luxurie leben thun / in specie, wann sie sich vor dem Obst nicht hü
dern solches ohne Verstand und Vnterscheid/Maß und Ordnung hinein essen/
bekommen sie die Ruhr / und sterben davon / gleich auch hier in Teutschland.
doch zu mercken/ daß das Land / wann anfangs die Bäume abgehauen seyn / eew
sund sey/ und dieses darumb / dieweil sich alsdann ein Nebel oder Dunst über
Platz erhebt/ welcher zweiffels ohne dannenhero entstehet/daß der Saft der Erde
Bäume zu gehen gewohnt war / nunmehro durch die abgehauene Stöck und Sti
die Lufft gehet und allerhand humores verursachet / so bald aber / nach Dörrung
hauenen Holtzes / solches verbrennt wird / dann wird die Lufft und Erde gereini
über alle die massen gesund /als welches eine durchdringende angenehme frische
kompt/ in Zeit aber/ während der Dörrung / da die ungesunde Nebel alsdann / au
ten Vrsachen seyn / kan man sich in andere Wälder / Büsch/ Thäler und Plätze
und solcher Vngesundheit entgehen. Es geschicht auch offt/ daß die ankommen
ven auß Africa und Guinea, allwo viel böse Kranckheiten regieren/ dergleichen
gen und andere anstecken/ welches aber alles durch gute Ordnung zu verhüten ist
kan man mit der Warheit nicht sagen / daß einige particulire Lands.Kranckh

Ungesundheiten darinnen regieren / angesehen unterschiedliche Leute darinnen gewesen/ welche contestiren daß ihnen nicht allein die gantze Zeit über weder der Kopff / noch das ge= ringste Glied wehe gethan/ sondern/ als sie hernach in unser Hochteutschland kommen/ sel= biges vor vielmehr ungesunder/ als Indien/ geurtheilet haben.

Neundtens/ daß der Printz Moritz/ und die gesämptliche West=Indische Compa= gnie/ viel difficultäten nicht überwinden können / ist die Ursach / daß damahlen der status anders gewesen / dann ein Land / das mit Krieg und Gewalt erobert wird/ muß auch mit Krieg und Gewalt defendiret werden / & è contra. Hernach so ist es auch ein anders/ das Fundament eines Staats in gewaltsame occupirung vieler Länder / ein anders in cultivirung derselben/ zu setzen. In der ersten hat man die effecten von Brasilien/im an= dern von Serrenam, Pauroma und Berbisie gesehen; die ersten waren Soldaten / und setz= ten ihren Staat in Krieg zuführen / umb ein mit Gewalt genommenes Land auch mit Ge= walt zu defendiren/die andern ein Land / welches leer stunde/ zu cultiviren; die Erste wa= ren Soldaten/ die andere Bauren; die erste setzten ihr Recht in allerhand politische præ= tensionen, die andere suchten allein / der umb Hülff ruffender Natur / umb sie zu bauen/ satisfaction zu thun. Was ist dann wunder/ daß / da beyder Absehen und Ende so un= gleich/ auch bey d' Außgang in unterschiedlichen differentien, d' eine in grossem Estat, Be= stungen/ Besoldungen / ruin der Menschen und Wüstlassung des Landes/ der ander in Einfalt ohne Geld noch Besoldung / Vermehrung Menschen/ Viehes und Früchten/ auch Bebauung des Lands / kürtzlich / der eine im Soldaten=der andere im Bauernstand bestanden.

Zehendens fürchten auch einige Naßweise und das Gras wachsen hörende Hoch= teutsche Maulpatrioten , daß durch Auffrichtung neuer Colonien in West=Indien/ Teutschland Menschenarm und depopulirt werde / welches doch vielmehr vonnöthen hät= te/ daß man Menschen hinein/ als darauß brächte/ geben ein Exempel/ daß Spanien auch auff diese weise sey depopulirt worden / worauff zur Antwort gegeben wird / daß Indien/ Spanien nicht allein depopulirt habe / sondern eine andere Ursach / daß sie weder in den Europæischen / noch Americanischen Spanien / andere / als ihre Nation / noch andere als ihre Religions=verwandte/ haben bulden wollen/und dann/ daß sie die Begierd zum Gold/ Silber/ Perlen/ ihrer Natur nach/ mehr nach ihrem Indien / als nach Spanien / wo der= gleichen Sachen nicht seyn / getrieben. Engelland / als welches sein Fundament in In= dien/ allein auff den Feldbau setzt/ und gewaltsame mächtige Colonien alda fundirt hat/ist doch deßwegen/ in dem Europæischen Engelland/ nicht Menschenarm worden. Und die= ses mag auch von Franckreich gesagt werden/ daß so viel tapffere Insulen in Indien popu= lirt hat/ die Teutschen / welche an Fruchtbarkeit / vorigen Nationen nicht nachgeben/ so welche auß Furcht um fruchtbar zu werden/ oft weder kecklich heyrathen / noch geheyrathet/ auß Mangel der Mittel und Furcht das Gezeugte zu ernehren/öfters ihrer ehelichen Pflicht sich enthalten / wird darumb nicht Menschenarm werden / wann es gleich Indien po= pulirt , es ist eine andere Ursach die Teutschland Menschenarm mache / nehmlich der Geldmangel / und daß sich schwer in Teutschland zu ernehren/ dahero nicht allein keine

fremdd

frembde Nationen dahin kommen / die sich darinnen niederlassen / sondern an
Mangel der Nahrung / lauffen unsere Hochteutsche selbsten hinaus in ande:
Wann sie nun in Jndien giengen / die jetzo auß ihrem Vatterland seyn/ oder die
in Mangel und Armuth/ ihren Freunden zum Spott und Schand herumb gehe:
stal oder in andere Verzweiffelung gerathen / oder aus desperation in Krieg g
umb ein paar Reichstaler willen den Hals lassen brechen / item die jenige/ die d
glück umb das irige kommen / die nichts als, ein Haus voll Kint
die auff alle Mittel und Weg / sie seynd ehrlich oder unehrlich / si
nehren und reich zu werden dencken müssen/ diese/ sag ich/ und dergleichen /_t
Jndien giengen / und nur etlich wenig Jahr darinnen blieben/ würden sie n
Teutschland subleviren, in dem sie solchem als onera, von dem Hals kämen/ sor
Jndien wieder kommend/ würden sie dasselbe Zieren und vermehren/ als die t
worden seyn und Nahrung mit in Teutschland bringen/ wie mancher Mann t
frau hat nun wohl 12. Kinder auff dem Hals / wann sie zwey davon nach Jnd
so wären die übrige zehen davon ernehret/ jetzunder aber/ da sie einander auff dem J
verderben sie mit einander. Wie mancher Vatter könte seinen kindern ein se
terlassen/ die Töchter zu einem feinen Heyrath gut kommen / wann sie das gering
dien selbsten oder durch ihre Sclaven thun wolten. Vnd dieses ist nicht nur v
ten/ sondern auch grosen Leuten in Teutschland zu sagen/ welcher Häuser sich öff
mehren/ das sie in der Außtheilung/ aus FürstenGrafen aus GrafenEdelleuth u
weniger werden. Da nun solche abgetheilte Herren/ Land in Jndien zunehmen/ u
selbst/ oder durch ihre Gevollmächtigte zu beziehen das Hertz hätten/ könten sie in t
grösser als die Principalen ihres Hauses selbsten hieraussen werden. Dieses haben
länder wol in Obacht genommen/ und viel andere mehr dieses Mittel ergriffen/ u
mit der Zeit die Hochteutsche auch solches lernen ja ergreiffen müssen/ und wirt
wie den Hispaniern/ gehen/ welche anfangs nicht in Jndien können gebracht wer
mahlen aber/ als sie die Profiten darinnen / und den Reichthum der herauß ge
sahen/ wolten sie alle hinein/ und wird jtzund vor ein grose Gnad gehalten/ wat
nig jemand hinein läst. Vnsere Hochteutschen/ haben jtzunder viel excusation
sagt/ wann ich kein Weib hätte so wolt ich hinein/ der andere / wann ich kein Ki
der dritte / wann ich Kinder hätte; der vierdte/ wann ich noch zehen Jahr jünge:
fünffte/ wann ich könte die See vertragen ; der sechste wann ich keine Güter und
Teutschland hätte; der siebende wann ich sehen werde wie es angehet. Andere
dere Entschuldigung/ aber solche alle seind nicht werth/ daß sie von Jndien hör
schweigen hinein kommen/ sondern seind genug gestrafft/ daß sie in ihrem arme
Winckel in Teutschland / über einander hocken und in der höchsten servitut
man wird nicht acht tag die Trommel in Ambsterdam rühren / so wird man me
Holländer finden/ die nach diesem Jndien zu gehen bereit seyn/ als wann man gar
land umbschlüge / und gemeiniglich wird man untern Holländern Leuthe finde:
einmahl drinnen gewesen seyn/ welches ein gut Zeichen ist/ daß sie wieder hi:

dann wann das Land nichts nutz oder es ihnen übel ergangen wäre / würden sie / wieder hinein zu reisen/nichts verlangen. Daß aber alsdann ein und anderer Teutscher meynen möchte/dz/da das Eyß gebrochen/er dann auch nje zugreiffen wolle/dörffte manchem fehlen/ und zu spat kommen/dann dieses edle Land ist von höherer consideration, derentwegen dahin zu ziehen mehr muß gebeten / als solches jedem angetragen werden. Solte sich einmahl eine Unruhe oder Krieg im Röm.Reich erheben / der den Weinfässern den Boden außstiesse und die Oefen einschmiesse/dörfften vielleicht solche Zipffen und Stuben-Junckern/die liebe Mutter.Söhngen/auch noch einmahl nach Indien fragen.

Eilfftens /daß König David sagt / Bleibe im Land und nehre dich redlich/welches etliche dahin deuten wollen / daß man in Teutschland bleiben / und sich allda ernehren solle/ nemlich man soll seine Nahrung an einem Orth suchen / da sie niemand/ als die Grose / und auch diese nicht wohl und gnugsam finden können. Dieser Einwurff wird mit einer lustigen Histori beantwortet/ welche D.Schupp erzehlet/ nemblich es sey in der Wetterau ein Pfarrherr gewesen/ der habe einst in einer Bußpredigt / gewaltsam wieder die Sünde geprediget/und deren effectus demonstrirt,unter andern gesagt:Was macht es? daß bey uns in der Wetterau keine Citronen/ Limonen/ Pomerantzen/ Rosinen/ Oliven/ Zucker und Spanischer Wein wachsen? Unsere schwere Sünd machen es. Biß hieher D.Schupp/die grosse Nartheit machts und Verzagtheit/ das wir an einem Orth / unter der höchsten pressurNoth und Elend / Armuth und Dürfftigkeit/ dazu in einem bösen un temperirten/ungesunden/rauhen Climat wohnen und einander auff dem Hals hocken/hingegen viel tausend Meilwegs des edelsten besten Landes in Indien/ da die edelste Libertät/ein ewiger feuchtwarmer lüfftiger Sommer/ und das fruchtbarste gesundeste Land ist / leer stehen lassen und dennoch über Gott klagen wollen/ er schaffe uns nit genug.Saget also wohl König David Bleibe im Land und nehre dich redlich/ er sagt aber nicht bleib in der Wetterau und wart biß die Pomerantzen auff den Holtzäpffel bäumen wachsen.

Zwölfftens/ daß einige darfür halten / sie sollen nur ungerathene Leuthe hinein ziehen/ die nicht gut thun wollen/ so finden sich solche in ihrer Meynung mächtig betrogen/ dann wer hieraussen nichts nutzt/ da doch so viel Dinge manglen/was wird er erst drinnen nutzen/da aller Ding überfluß ist. Das Fundament der Colonie, muß nicht von ungerathenen/ sondern von den besten Leuthen bestehen/ auff daß die Stämm nach ihrer Wurzel arthen. Urgerathene Leuth/ mögen in Krieg gehen und sich allda todt schlagen lassen/daß aber solche/die nach Indien gehen/darumb ungerathen oder vor desperat gehalten werden/ geschicht ihnen gar ungleich/es ist Teutschland viel profitlicher/ daß ihre Kinder nach Indien als nach Franckreich oder Italien / reisen/ und wird die Reise nach Indien/ ihnen so wenig disreputirlich seyn/ als sie vielen vornehmen Fürsten Grafen sind Herren/ Spaniern/Frantzosen/. Holländern und Engelländern/ welche diese Reise mit grossen Ehren gethan / nachtheillig gewesen/vielmehr ist eine Weibliche Furcht/ solche Reise nicht zuthun/ uns Hochteutschen disreputirlich.

Dreyzehendes/ daß wir Wein und Brod in Teutschland haben / ist wahr / doch nicht allen Orthen/ daß wir aber eben dessentwegen nicht einem höheren trachten / sondern

F   gleich

gleich wie der Haaß/wo er gehecke/ bleiben sollen/folget nicht darauß/dann der Me
nicht allein vom Brod/sondern gehören noch andere Dinge mehr darzu/welche/t
derwertig/als auß Teutschland müssen geholet/uñ das teutsche Geld davor hinau
werden/der affeckt weiset/nemlich/dz in Teutschland bey nahe kein Handel uñ wa
sey/alleNegotien darinnen zu gründ gehen/kein Geld bald mehr unter grossen no
zu finden/ hingegen sehe man Holland an/ wie reich es ist/ und wie reicher es ne
wird/so nimmermehr geschehen würde/ wann es das Meer so fürchten thäte/als v
Hochteutsche Nation /welches/ wann es Fürsten/ Grafen und Herrn/ Reichs
Kauffleute/ Bürger und Bauren in Teutschland/reifflich und im grund erweg
wurden sie in der That befinden/ daß dieses Hochteutsche West.Indische Werck/n
Werck von hoher importanz vor Teutschland seyn/ welches unterschiedliche sub
die zu seiner Zeit an tag werden kommen/in sich verborgen habe.

Vierzehendens/ wer da glaubt/ daß er in Indien/umb sein Ehr und Sel
und Seeligkeit komme/und auß einem Christen ein Heyd/auß etuem civilenMen
Wilder werden werde/ der wird zum besten thun/ daß er dann hierauffen ble.be
gemeinen stilo gemäß/seine Ehr in Brieffen/ Wappen/ Degen und Gläsern ha
Christenthum im Mund habe/ die civilität in ceremonien machen suche/ und sich
servilischen Besoldung plage/und mit der Geldlarven betriegenlasse. Man gesteh
dergleichen in Indien/unter Jhro.Hochgr.Excellentz/Regierung/nicht seyn w
die Ehr wird bestehen in Redlichkeit/ und Mässigkeit das Christenthumb im W
conversation nicht in Lügen und Ehren abschneiden/ sondern in Rath und That
und Wissenschafften werden beruhen im Erdbau/ in Bergwercken/ in Viehzuch
und andern manufacturen, die Besoldung wird nicht in Geld bestehen/sondern i
welche so viel giebt/ daß Geld darauß werden kan. Daß also in Indien/ nicht alle
fers Land/als Teutschland/ ist/ sondern auch dieses neue Teutschland/ ein neues D
haben/ welches darinnen bestehen wird/ daß die edle Hochteutsche libertät/ gutes
wiederumb floriren/ und sich nach dem Horizont des Landes richten wird. Da
gleich das Land zum aller edelsten wäre/und eine böse Regierung hinein käme/ wür
das elendeste werden/gleich man dessen gnugsame Exempel hat.

Fünffzehend und letztens/ daß einige und lose Spottvögel/ wanns a
Doctoren wäre/diese Indische Landen/eine Chimæram,ein Schlaraffenland/ K
im Mond nennen/ist nicht nöthig zu beantworten/ dann solche Spötter sich selbst
then/wer sie seyn/ nemlich Spötter/dann/wann sie ernstlich glauben/ daß dieses S
in rerum natura sey/ so geben sie ihren groben Unverstand an Tag/ als welche die
ten nicht verstehen sondern durch dieselbe offentlich überwiesen werden/ so sie aber
fers wissen und Gewissen/ auß einer realität eine Chimæram machen wollen/ so f
nicht/wie sie dem Nahmen/ verlogener Spottvögel undCalumnianten entgehen
Andere/ die dieser Sachen nicht gnugsame Erkandnus haben/ nehmen Ost-Jn
West-Indien/die kalte theile in West.Indien vor die warme/ja nehmen gar Affric

veste Küst in America / in deme nun sie also irren / kan nicht fehlen / daß was sie von dem einen sprechen / von dem andern nicht müsse wahr seyn. Alle West-Indische Bücher / und die speciale rapporten und Beschreibungen dieses Landes / der jetzigen / so darinnen gewesen / concordiren hierinnen / daß / der gesunden herrlichen Lufft und des temperirten Climats, auch ewigen Sommers wegen / es ein irrdisches Paradeis könne genennet werden / das Land ist immer so gut / und in etlichen Stücken noch besser als Brasilien / und biß dato vor den gesundesten Strich / in gantz America gehalten worden / ja wohl der gantzen Welt / das Land ist wunderlich fruchtbar / so von Zucker / Indigo / Catonen, Toback / als allerhand Arten von guten Farben / Balsamen / Gummen und Häusen / allerhand Art von köstlichem Holtz / Saltz / Salpeter / als auch allerhand Oberfluß und Arten von eßbaren Wahren / so in allerhand guten delicaten, Erd , als Baumfrüchten / als auch von vielerhand Wild / als Hirschen / Rehen / wilden Schweinen / Hasen / Caninen und allerhand unzehlig Arten von guten Wild / hie zu Land unbekant / wie auch von allerhand Geflügelwerck / so zu Land als zu Wasser / nehmlich Calekunen / Fasanen / Feld , und Rebhünern / Tauben / Gänse und dergleichen / wie auch in unterschiedlichen Arten von delicaten Fischen / alles in unzehltger Menge / bestehen / da seind ansehnliche fruchtbare Berg und Thäler / darinnen kein Fußbreit Landes / welcher nicht Früchte trägt. Es hat großmächtige Flüsse / die in der Grösse dem Rheinstrom nicht weichen / es hat / wie die Proben außweisen / gewaltsame Bergwerck / und ist der Ort so gelegen / daß man gute negotien in die Carybische Eylande und anders wohin thun kan. Ob nun vielleicht auß dieser Erzehlung / Fruchtbarkeit und Gütigkeit des Landes / welches sich / wie gemeldet / einem irrdischen Paradeiß vergleichet / einige / welche keines Glücks noch keines guten Lands gewohnt seyn / die Gelegenheit genommen / solches ein Schlauraffenland zu heissen / lässet man dahin gestellet seyn. Das Sprichwort lautet: Was soll der Kuhe Muscaten / es dienet ihr wol Haberstroh / Wann die arme elendige Saltzburgische Bauren / die ein gantzes Jahr sich mit Wasser und Brod / in den Bergen behelffen / eins in Beyrn kommen / und alda in überfluß / gut Brod und Bier finden / sampt dem ebenen schönen Land / stehen sie gleichsam besturtzt / un solches noch vielmehr / wann sie von einigen Bäyrischen Holtzhauern oder Strohschneidern / die jährlich an den Rheinstrom kommen / umb alda ihre Nahrung zu suchen / vernehmen / wie daß der Rheinstrom ne ch ein schöners Land sey / alwo man Wein trincke / und die Woche wol einen Reichsthaler verdienen könne. Wann an dem Rheinstrom ein Hochteutscher Bauer wäre / welcher in Indien gewesen / und von dem Land erzehlete / was bißhero beschrieben / auch wie gar leichtlich ein Bauer / jährlich ein paar hundert Ducaten prosperiren könne / so würde es gedachter Bauer kaum glauben / und wann er dem Saltzburg , erzehlte / von demselbigen / vor ein Schlauraffenland gehalten werden / dann die arme Menschen des Elendes so gewohnet seyn / daß sie / etwas bessers zu hoffen / das hertz verlohren. Die derhalben sagen und leoprisiren / man habe dem Hn. Grafen von Hanau Land auf dem Papier gebracht / die müssen wissen / daß weder die Hochm. Hn. Gen. Staaten / noch viel weniger die Edle West-Indische Compagnie / noch Käyser / noch König / die Kunst können / dieses Land auß Indien in Teutschland zu tragen / vielweniger Platz darinnen zu finden / solches nieder

F ij   zu setzen /

zu setzen/dann es allein grösser/als gantz Teutschland/ist/derohalben dieses zu thun
was am möglichsten/ nehmlich daß solche unglaubige Thomas/ selbst hinein reise
Finger in die Erde stecken/so werden sie sehen/daß jenseit des grossen Bachs/die
seye mit Brettern zugeschlagen/sondern noch so viel Land vorhanden/daß sich gan
land dahin salviren könte/und sich einer darinnen gar wol möge/ nit nur einen Fü
König/ sondern wol gar einen Kayser/ da es cultiviret/darvon schreiben. Und
Widerlegung der Einwürffen/wider Indien. Wer solches nun nit begreiffen kan
muß gewaltsam dünn an dem Verstand seyn/und sich besser in das Tollhauß nach
dam/als nach Westindien schicken/die aber wider besser wissen und ihr eigen Gewi
die auß Zaghafftigkeit selbsten keinen Lust r ach Indien zu gehen haben/ denno h
und Mißgunst/ gegen diese Westindische Sach/solche verachten/ umb andere Lie
divertiren/und die selber nichts guts zu thun begehren/dennoch das gute hindern
ren eher in das Raspel.Hauß nach Amsterdam als nach Westindien/ die aber/ w
dieser Sachen Grund sehen/selbigem mit Rath und That beystehen/die seynd wehi
entweder in Person/oder in effecten,diese Indische Landen geniessen/und solche sei
diese Deduction h erzu freundlich und allein eingeladen.

Wohlan dann tapffere Teutschen/ machet das man in der Mapp neben
nien/neu Franckreich/neu Engelland/auch ins künfftige neu Teutschland finde
Euch so wenig an Verstand und resolution solche Sachen zu thun / als andern N
ja ihr habet alles dieses/was darzu vonnöthen ist/ Ihr seyd Soldaten und Baure
sam und arbeitsam/ fleissig und unverdrossen/ihr könt auf einmahl viel gute Sach
durch ein exemplarisches Leben und gute Ordnung/ die Indianer zu Freunden un
Menschen/ja vielleicht gar zu Christen zu machen/ ihr selbsten werdet länger leben/
und vergnügter seyn/wann ihr einem dergestalt angenehmen Climat,für keine Na
mühsam sorgen dörfft/ könnet also nicht allein Euch in Indien/ sondern Euern
auch hieraussen in Teutschland dienen/da ihr dann J.Hochgr.Excell. des H.
von Hanau/genugsame Ursachen danck zu sagen haben werdet / daß/ wiewol se
chen/ die Wohlfahrt des gantzen Teutschlandes angehen/ Sie gleichwol allein/ u
durch eine generale resolution, das Eys gebrochen / den Anfang gemacht/ und d
Hochteutschen Nation,ein asylum bereitet / wohin sie ihre Zuflucht nehmen un
rauhen Gewittern des Teutschlandes/ in Sicherheit stehen können. Wie nun S.
Exc. hierinnen/als ein Auffrichtiger Hochteutscher Patriot gethan/also verhoffen
auch redliche des gemeinen bestens Wohlfahrt suchende/ihnen hierinnen assistiren
se Deduction,sampt gegenwärtiger Einladung/im besten auffnehmen werden/u
ge: mehrere particularia zu wissen verlangen/können sie ihre correspondenz,zu Fr
am Mayn/an Herrn Simon LeBlon,in Amsterdam aber/ an Herrn Isaac Telgen
allwo ihnen mit mehrerem Bescheid wird/gegeben werden. Dißmal schliessend/
übrigs/als den günstigen Leser/Göttlicher Obsicht zu befehlen.

E R D E.